Ernst Ludwig Posselt

Europäische Annalen

Jahrgang 1819

Ernst Ludwig Posselt

Europäische Annalen
Jahrgang 1819

ISBN/EAN: 9783744700870

Hergestellt in Europa, USA, Kanada, Australien, Japan

Cover: Foto ©ninafisch / pixelio.de

Weitere Bücher finden Sie auf **www.hansebooks.com**

Europäische Annalen

Jahrgang 1819.

Zweyter Band.

Tübingen
in der J. G. Cotta'schen Buchhandlung.
1819.

I.

Historischer Umriß der Militär-Operationen der italienischen Armee in den Jahren 1813 und 1814;

von

dem General-Lieutenant Graf von Vignolles, Chef des Obergeneralstabs dieser Armee.

(Beschluß. M. s. S. 298 im 12ten Stück von 1818.)

In der Nacht vom 9ten auf den 10ten Februar ließen die Oestreicher 10,000 Mann Infanterie und 2000 Pferde über die Brücke von Borghetto gehen, sich am rechten Mincio-Ufer festzusetzen. Allein da der Vicekönig und General Grenier mit der Division Marcognet von Volta aus auf sie los gingen, während General Verdier mit der Division Fressinet von Monzambaro vorrückte, ward der Feind geschlagen und über den Mincio zurück gejagt. Der Verlust der Oestreicher betrug etwa 400 Mann, darunter 200 Gefangene; der unserige 20 Todte und 150 Verwundete. So fand sich der zweyte Versuch des Feindes, sich am rechten Mincio-Ufer festzusetzen, eben so vereitelt, wie der erste. Den 11ten nahm die Division Marcognet Stellung, die Linke zu Borghetto, die Rechte Pozzolo gegenüber; die Division Rouyer sandte eine Brigade nach Volta. Da am 14ten die Oestreicher ein Truppenkorps durch die Val Trompia und Val Sabbia ausgeschickt, um einen

Verſuch gegen Brescia zu machen, vereinigte General Bonfanti, der in leßterer Stadt befehligte, alle in den verſchiedenen Thälern zerſtreuten Truppen, und marſchirte demſelben entgegen. Er griff es den 15ten mit zwey Bataillonen und 150 Gensdarmen an, und ſchlug es mit einem Verluſt von 300 Mann, darunter 70 Gefangene, zurück.

Zur nämlichen Zeit war ein öſtreichiſches Korps von 2000 Mann auf Salo gerückt, und hatte daſelbſt Stellung gefaßt, während ein anderes von gleicher Stärke Rocca d'Anfo blokirte, und die Val Sabbia beſeßte. Der Vicekönig beſchloß, ſich mit der italieniſchen Garde dahin zu begeben. Den 16ten griff General Theodor Lecchi, der von Deſenzano abgegangen war, den Feind in Salo an, nachdem er alle Vorpoſten zurück gedrängt hatte.

Die Stadt ward erſtürmt, und die Oeſtreicher bis Maderno zurück getrieben. Den 17ten griff ſie Obriſt Peraldi, an der Spiße der Jäger und einiger Dragoner der königlichen Garde, an, und zerſtreute ſie; was ſich ſammeln konnte, zog ſich eiligſt auf Toscolano zurück. Der feindliche Verluſt belief ſich auf 600 Mann, darunter 360 Gefangene; der unſerige auf 22 Todte und 62 Verwundete. — Die Flottille auf dem Gardaſee trug zu den am 16ten errungenen Vortheilen bey, indem ſie die feindlichen Truppen auf der Straße längs dem See hin kanonirte, und ſie zwang, ſich in die Gebirge zu werfen, woſelbſt ſich einige hundert Mann zerſtreuten.

In dieſem Zeitpunkt entſchied ſich der Vicekönig, den Hauptbeſtand der 5ten und 6ten Diviſion zur Garniſonirung von Mantua und Peschiera zu verwenden, und ſo viel möglich nur die franzöſiſchen Diviſionen und die Garde, als Reſerve, in der Linie zu gebrauchen. Das Ausreißen, das ſich ſtark bey den italieniſchen Truppen fühlen zu laſſen anfing, war ein Hauptbeweggrund dieſer Maßregel. Von nun an wurden nur wenige Truppen in der Linie gebraucht.

in den Jahren 1813 und 1814.

Die aktive Armee erhielt demnach folgende 6te Organisation.

(Das Hauptquartier verblieb zu Volta; das östreichische befand sich zu Villa Franca.)

          Batall. Mann. Feuerschl.

Erste Lieutenance; General-Lieutenant
   Grenier.
2te Division; General Rouyer.
 Brigade Schmitz 5
 — Darnaud. 5
         6,668 12

4te Division; General Marcognet.
 Brigade Jeanin 6
 — Deconchy 5
         7,679 12

Zweyte Lieutenance; General Verbier.
1ste Division; General Quesnel.
 Brigade Campi 6
 — Forestier 4
         6,463 12

3te Division; General Fressinet.
 Brigade Montfalcon 6
 — Pegot 6
         6,440 14

Reiterey, General Mermet.
         Schwadr.
 Brigade Rambourg 6
 — Bonnemains 6
 — Saint Alphonse . . . 8
         3,429 8

Königliche Garde als Reserve, General Lecchi.   4 Bataillons und 1 Schwadron.
         3,148 12

  47 Batail., 21 Schwadr. 33,827 70

Aufstellung: 2te Division zu Cremona und Piadena, die Neapolitaner zu beobachten; die 4te zu Montalto bey Volta; die 1ste zu Golto, Pozzolo gegenüber; die 3te zu Villa und Monzambano; die Reiterey zu Guidizzolo, Cereta und Foresta.

Die Bewegungen der Oestreicher am rechten Po-Ufer und die thätlichen Feindseligkeiten der Neapolitaner, denen nichts mehr als die Förmlichkeit einer Kriegserklärung gebrach, fesselten die ganze Aufmerksamkeit des Vicekönigs. Die Stadt Placenza stund im Begriff, sich bedroht zu sehen. Wohl war sie von der Division Gratien, von der Reserve besetzt, und durch die aus Spanien zurückkehrende Division Severoli gedeckt. Allein diese Divisionen fanden sich zu schwach, dem Feind, der, mit Inbegriff des östreichischen Korps unter General Nugent, 25,000 Mann zählte, Einhalt zu thun. Daher sandte der Prinz seinen ersten Flügel-Adjutanten, General D'Anthouard, nach Piacenza, den Befehl über die Truppen am rechten Po-Ufer zu übernehmen, und ließ die Division Rouyer abgehen, die den 13ten zu Cremona eintraf.

Den 15ten ward die förmliche Kriegserklärung von Seiten des Königs von Neapel durch den Chef seines Generalstabs amtlich dem General Bignolles, Chef des Generalstabs der italienischen Armee, angezeigt. Den Vorwand gab ein Ausfall der Garnison der Citadelle von Ancona gegen die neapolitanischen Truppen, die sie blokirten. Nunmehr ging das Korps General Nugent's über Reggio vorwärts, und bildete die Spitze der italienischen Armee. Die Rolle, die diese Armee von diesem Augenblicke an spielte, gehört unter die sonderbarsten. Die Erklärung des Königs von Neapel sollte sie als feindlich angesehen machen; und dennoch enthielten Briefe einiger bey ihm befindlichen Franzosen die Versicherung, daß er nicht zuerst angreifen würde. Dieser Widerspruch in dem Betragen des Königs von Neapel, den man

dem Schwanken seiner Begriffe und einem innern Gefühl
dessen, was Treuloses in der Rolle des Betrogenen lag, die
er zu spielen im Begriff stund, zuschreiben kann, würde uns
erklärlich scheinen, würfe man nicht einen Blick auf seine Auf=
führung seit dem Ende von 1813.

Als die neapolitanische Armee sich gegen Ober=Italien
in Marsch setzte, schrieb der König dem Vicekönig, ihm an=
zukündigen, daß diese Bewegung keinen andern Zweck habe,
als gemeinschaftlich gegen die Oestreicher zu wirken. Auch
verlangte er, daß seinen Truppen Mund= und Kriegs=Vor=
rath bis zum Po geliefert würde; dieses Begehren stimmte
mit den Befehlen des französischen Kriegsministers überein.
Allein zu gleicher Zeit ließ sich der König von Neapel in die
Unterhandlungen mit Oestreich ein, die sich mit dem Vertrag
vom 11. Jenner 1814 endigten. Durch diesen Vertrag
machte er sich anheischig, seine Kräfte mit denen der Oest=
reicher gegen die französische Armee in Italien zu vereinigen.
Indessen nicht allein während dieser Unterhandlungen, son=
dern selbst nach Abschluß des Vertrags fuhr er fort, dieselbe
Sprache gegen den Vicekönig zu führen. Er hörte nicht auf,
seine Treue für Frankreich zu betheuern, und verlangte, daß
seinen Truppen, gleich den französischen, freyer Zutritt in
die Festungen, und die Verfügung über Mund= und Kriegs=
Vorrath zustünde. Die Befehle hiezu wurden gegeben
und vollzogen. Die nämliche Sprache führte er gegen
Gifflenga, Flügel=Adjutanten des Vicekönigs, den die=
ser nach Neapel gesandt, sich wo möglich der Gesinnungen
dieses Souverains zu versichern.

Die Neapolitaner ergriffen Besitz von Ancona, und
verfehlten die Citadelle, nur weil General Barbou, bey
dem ein gerechtes Mißtrauen aufstieg, ihnen den Eintritt
verweigerte. Sie rückten in die Romagna, und nur erst
hier konnte ihre Weigerung, zur Vertreibung General Nu=
gent's von Ravenna mitzuwirken, und der Vorwand eines

Waffenstillstandes mit Oestreich, den ihre Generale vorschützten, Verdacht erregen. Nun aber liessen der Angriff der Citadelle von Ancona und die gewaltsame Besetzung der römischen Staaten, wovon sie die Regierung ergriffen, keinen moralischen Zweifel mehr über ihre feindlichen Gesinnungen. Man musste also auf der Hut seyn, was die Verlassung der Etschlinie und Zurücknahme der Armee hinter den Mincio nothwendig machte. Allein der König von Neapel hatte sich noch nicht öffentlich erklärt, und man konnte sich keiner feindlichen Thätlichkeit gegen denselben überlassen. *) Dieser Zustand dauerte, bis man nicht mehr am Daseyn des Vertrags vom 11. Jenner zweifeln durfte. Allein nunmehr besetzte die neapolitanische Armee Bologna, Modena und Reggio. Bald nachher warf der König die Larve weg, die er nicht mehr beybehalten konnte, und ließ, unter Vorwand der Vertheidigung General Barbou's, den Krieg erklären.

Sofort verliessen ihn mehrere französische General- und Ober-Offiziere, und eine große Menge anderer französischer Militärs, und begaben sich ins Hauptquartier des Vicekönigs, ungeachtet des dringenden Anliegens des Königs, sie zurück zu behalten; er erzürnte sich sogar über die Bemerkung, die sie ihm machten, daß, da er Frankreich den Krieg erklärt habe, kein sein Vaterland liebender Franzose bey ihm zurück bleiben könne. „Glaubt ihr denn", sagte er ihnen, „daß mein Herz „weniger französisch sey, als das eurige? Haltet euch im Ge„gentheil überzeugt, daß ich sehr zu bedauern bin; ich weiß „von dem, was bey der großen Armee vorgeht, nur die „Unfälle. Ich ward gezwungen, einen Vertrag mit Oest„reich und eine Uebereinkunft mit den Engländern einzugehen,

---

*) Das heißt, man hoffte noch immer, daß sein Wankelmuth sich herumstimmen lassen würde, und wollte also nicht durch eine voreilige Feindseligkeit diese Hoffnung selbst zerstören.
Der Uebersetzer.

„und zu Folge mich in Kriegszustand zu erklären, mein Reich
„vor einer Landung der Engländer und Sizilianer zu bewah=
„ren, die unfehlbar einen Aufstand im Innern erregt haben
„würde. Vielleicht nehmen die Begebenheiten eine günstigere
„Wendung; bleibt daher bey mir. Ihr verdankt mir euere
„Beförderung, noch andere Vortheile erwarten euch; es
„heißt mich mit Undank belohnen, meinen Dienst zu ver=
„lassen, während euch doch meine guten Gesinnungen hinläng=
„lich bekannt sind."

Die französischen Offiziere, die den König von Neapel verließen, und bey der italienischen Armee zu dienen verlangten, erhielten Anstellung bey derselben. Bald nachher gelangte an den Vicekönig vom französischen Kriegsminister amtliche Anzeige des Kriegszustandes mit Neapel, und ein kaiserliches Dekret, das alle Franzosen, die sich in dessen Dienst befanden, zurück rief, bey Strafe gegen diejenigen unter ihnen, die man mit den Waffen in der Hand ergreifen würde, vor ein Militärgericht gestellt, und als Vaterlands= verräther verurtheilt zu werden.

Hierauf erließ der Vicekönig von Verona aus, unter dem 1. Februar, eine Proklamation, der Armee diese Be= gebenheit anzuzeigen. (In diesem sehr eindringenden, sach= gemäßen Anruf, den der Verfasser ganz mittheilt, belobt der Prinz das bisherige Betragen der italienischen Armee, das ihr die Achtung des Feindes erworben, und bereits so lange einen großen Theil des italienischen Gebiets und mehrere französische Departemente vor einem Einfall verwahret. Er zeigt ihr die Hoffnung eines baldigen Friedens, obgleich der Tag der Ruhe noch nicht für sie erschienen, sondern sogar sich ein neuer Feind zeige, die Neapolitaner. Er schildert das heimtückische, treulose Betragen dieser Macht, deren Trup= pen, als Brüder empfangen, sich nun als Feinde erwiesen. Er ruft den Unwillen der Soldaten hervor, und bemerkt zu= gleich, daß die Neapolitaner ja nicht unüberwindlich seyen, um so weniger, da wohl manche Freunde sich in ihren eigenen Gliedern befänden, namentlich die zahlreichen Franzosen, die sicher, sobald sie könnten, die Fahnen verlassen würden, worunter sich sich nur in der Ueberzeugung einreihten, auch für ihr Vaterland zu fechten, und die sich sicher zu ihnen schlagen würden, sobald sich günstige Gelegenheit böte, wobey letztern Beybehaltung ihrer Grade zugesagt wird. Er endet mit den Worten: „Franzosen, Italiener! Ich zähle „auf euch; zählet auf mich. Ihr werdet mich überall fin„den, wo euer Vortheil und euer Ruhm mir meine Stelle „anweist. — Soldaten! mein Wahlspruch ist: Ehre und „Treue! er sey auch der eurige; mit ihm und der Hülfe „Gottes werden wir auch ferner allen unsern Feinden ob„siegen.")

Nach Lesung dieses Anrufs stieg der Unwille der italienischen Armee gegen den König von Neapel auf seinen Gipfel, und bald darauf ließ sich in allen Lagern das Kriegslied hören, das ein Grenadier von der Kohorte von Riom dichtete. (Der Verfasser theilt einige Strophen des feurigen Liedes mit, dessen Schluß jedesmal des Prinzen Wahlspruch wiederholt: Ehre und Treue.)

Sogleich, den 17ten, griffen die Oestreicher, die vor den Neapolitanern herzogen, die Vorposten der Division Severoli zwischen Fontanafredda und Fiorenzuola an. Da General Severoli sich durch überlegene Kräfte bedrohet sah, zog er sich nach Piacenza zurück; den 20sten rückte die Brigade Darnaud von der Division Rouyer zu Piacenza ein. Die Brigade Jeanin, von der Division Marcognet, verließ sogleich ihre Posten am Mincio, und begab sich nach Cremona, woselbst sie den 21sten eintraf; denselben Tag war gleichfalls General-Lieutenant Grenier daselbst eingetroffen, der abgeschickt war, den Befehl der Truppen am rechten Po-Ufer, unter dem Namen, abgetrennten Korps der Rechten, zu übernehmen; er vereinigte alsobald die Division

Rouyer, und ließ die Brigade Jeanin auf Codogno vorrücken. Den 22., 23. und 24. sandte General Grenier starke Kundschaftungen gegen Castel-Giovanni und die Gebirge ab, die Bewegungen des Feindes einzusehen. General Nugent hatte dazumal ein Korps von 1500 Mann, Fußvolk und Reiterey, zwischen der Nura und der Trebia, an die Gebirge angelehnt, und schickte Streifzüge gegen Castel St. Giovanni und Strabella, die Verbindung zwischen Placenza und Alexandrien zu unterbrechen, während er zugleich die Einwohner zum Aufstand aufzuregen suchte. Dieses Korps, das der Marsch unserer Kundschaftungen sich zurück zu ziehen nöthigte, konzentrirte sich hinter der Nura, woselbst sich die östreichische Brigade Stahremberg zur Unterstützung der an die Berge angelehnten Truppen aufgestellt befand. Diejenigen General Gober's standen in zweyter Linie am Taro, mit einem Korps Oestreicher von 12 bis 1500 Mann bey Sacca, durch ein Bataillon Neapolitaner und etwa 200 Reiter dieser Nation gestützt. (Dieses Korps passirte den Po in der Nacht vom 24. auf den 25. Februar.) General Nugent hatte sein Hauptquartier zu Parma, woselbst er eine dritte Linie aus zwey englischen Bataillonen und einigen neapolitanischen Truppen, unter General Campana bestehend, hielt. Endlich befand sich die 1ste neapolitanische Division in Stufenfolge an der Enza und bis Reggio aufgestellt.

Dergestalt von der Stellung des Feindes wohl benachrichtiget, beabsichtigte General Grenier, den General Stahremberg zu Pontenura anzugreifen, zu welchem Zweck drey Kolonnen in Bewegung gesetzt wurden; die eine unter General Severoli, aus drey kleinen italienischen und vier Bataillonen der Division Gratien, zusammen aus 16 bis 1700, mit 200 Pferden bestehend, ward über St. Polo auf St. Giorgio gerichtet; die zweyte aus der Division Rouyer und dem größten Theil der leichten Reiterey-Brigade

Rambourg gebildet, richtete sich auf Pontenura, während die dritte unter General Jeanin sich nebst 200 Pferden auf Roncaglia, am rechten Ufer, rückte. Der Feind zog sich überall zurück. Einige Reitereystürme fielen auf der Landstraße vor. Die erste Kolonne faßte Stellung vorwärts St. Giorgio, Carpenetto besetzend, die des Centrums vorwärts Cadeo an der Chiavenna, die Vorposten zu Fontanafredda, und die dritte zu Chiavenna Streifzüge am Po vorstoßend.

Den 26sten erhielt die erste Kolonne Befehl, auf St. Protaso zu marschiren, Streifzüge gegen Lugnano und Fornovo werfend; die zweyte auf Borgo=St. Donnino; die dritte auf Corte=Maggiore. Der Feind that in der Stellung von Seno einigen Widerstand; allein da General Grenier seine Rechte über Castel=nuovo die Terzo umgehen ließ, setzte er seine rückgängige Bewegung fort, und ward, den Degen in den Rippen, bis an den Taro verfolgt, woselbst sich eine zweyte Linie aufgestellt befand, ihn aufzunehmen. Das kleine östreichisch=neapolitanische Korps, das auf dem Punkt von Sacca auf das linke Po=Ufer übergegangen war, vermuthlich von dieser Bewegung benachrichtiget, und überdieß von General Bonnemains geschlagen, ging in aller Eile über den Fluß zurück, und vereinigte sich zum Theil mit den Streitkräften, die General Nugent zu Parma sammelte. (Der König von Neapel befand sich damals in Person daselbst.)

Nachdem General Grenier den Feind so vor sich her getrieben hatte, nahete er sich dem Taro, und faßte den 27. Februar hinter diesem Bergstrom Posten, den Vortrab vorwärts Castel=Guelfo, die 2te Division in Stufenstellung hinter demselben, die Truppen General Severoli's, die einen sehr ermüdenden Marsch gemacht hatten, in Resero zu Borgo=St. Donnino, und die Brigade Jeanin zu Busseto.

Den 28sten zog er seine verschiedenen Kolonnen am Taro zusammen.

Wenige Tage vorher hatte man im Hauptquartier die Kapitulation der Citadelle von Ancona vernommen; sie hatte sich den 15ten ergeben, so wie diejenige von Livorno den 19ten. Die französischen Truppen, die sich in Toscana befunden hatten, waren in Folge einer Uebereinkunft mit dem König von Neapel den 22sten zu Genua angekommen. Der Prinz Felix Bacciocchi hatte die Citadelle und Forts von Florenz und dasjenige von Volterra unter der Bedingung geräumt, daß die Truppen, die ihre Garnisonen bildeten, nicht während des dermaligen Feldzugs in Italien dienen dürften. Eine östreichische Abtheilung vom Korps General Nugent's, die den 17ten zu Pontremoli eingerückt, war den 18ten durch die Truppen General Rouyer St. Victor's daraus verjagt worden. Als der zu Genua befehligende General Fresia die Einnahme von Livorno vernahm, konnte er nicht mehr daran zweifeln, daß das in der Nachbarschaft dieser Stadt gelandete, etwa 10,000 Mann starke englische Korps nicht unverzüglich an der genuesischen Küste hin marschiren würde, ihn anzugreifen. Gern hätte er seine schwachen Vertheidigungsmittel durch die aus Toscana kommenden Truppen verstärkt, allein die vom General-Gouverneur geschlossene Uebereinkunft zwang ihn, dieselben nach Frankreich zurückkehren zu lassen.

Auf dem linken Flügel der Armee hatte sich General Bonfanti genöthiget gesehen, zum zweytenmal in der Val Sabbia gegen den Feind zu marschiren. Das daselbst befindliche Korps, meist aus den Trümmern des zu Salo und Materno geschlagenen gebildet, ward den 21sten angegriffen und gezwungen, über die Berge zurück zu gehen.

Nach seiner Kriegserklärung hatte der König von Neapel an der Spitze seiner Armee, deren Vortrab die östreichisch-englische Division General Nugent's bildete, die Enza überschritten, und sich nach Parma, woselbst sich General Nugent befand, verfügt, ja er ging selbst bis an den Taro vor, woselbst er den 17ten Zeuge des Angriffs der Oestreicher auf die Vorposten der Division Severoli war. Damals verabredete er mit General Nugent die Abschickung des Korps nach Sacca, oberhalb Casal Maggiore, um daselbst über den Po zu gehen und eine Brücke zu schlagen. Eine Partey von etwa 400 Neapolitanern, die bis gegen Casal Maggiore vorgegangen war, wurde von einem auf diesem Punkt befindlichen Bataillon angegriffen. Da indessen die Brücke von Sacca errichtet worden, und die Feinde Batterien aufgeworfen, sie zu beschützen, erhielt General Bonnemains am 26sten Befehl, sich mit seiner Brigade, noch durch ein Bataillon verstärkt, zuerst auf Marcaria, und dann auf Sacca zu begeben. Den 27sten griff er die Oestreicher und Neapolitaner zu Sacca an, zwang sie, ungeachtet ihrer Zahl-Ueberlegenheit, ihrer zahlreichen Batterien und des Vortheils ihrer Stellung, über den Fluß zurück zu gehen, und gegen Abend gelang es ihm, die Brücke zu zerstören, deren meisten Schiffe zu Casal Maggiore aufgefangen wurden.

Zu dieser Zeit ließ der Feind Anschlagzettel in die Lagunen von Venedig hinein werfen, die die Unfälle der französischen Armee verkündeten, und den Italienern die Rückkehr der alten Ordnung der Dinge verhießen. Dieselben hatten die Wirkung, das Ausreißen unter den italienischen Truppen zu vermehren. Dieser Umstand, zugleich mit den zahlreichen Krankheiten, die täglich die Posten schwächten, zwang den Gouverneur, sich durchaus auf die bloße Vertheidigung zu beschränken, und auf jeden Ausfall zu verzichten. Ein Keim von Aufruhr fing übrigens an, sich unter dem verworfensten (?) Theil der Bevölkerung zu zeigen, welchem General Sevas, durch seine Festigkeit und einige Beyspiele der Strenge an den Halsstarrigsten, Einhalt zu thun verstund.

März 1814.

Den 1sten März marschirte der Brigade-General Villatte, Befehlshaber der Vorposten am linken Po-Ufer, mit einem Bataillon und einer kleinen Abtheilung Reiterey und Artillerie von Borgoforte aus auf Guastalla, woselbst sich ein kleines Korps Oestreicher und Neapolitaner befand. Die Oestreicher wurden in unordentliche Flucht getrieben, und verloren 93 Gefangene; die Neapolitaner zogen sich auf Reggio zurück.

General Grenier, der sich seit dem 28. Februar am Taro in Stellung befand, in der Absicht, überzusetzen, und schon in den vorhergehenden Tagen starke Kundschaftungen auf die ganze Linie des Feindes ausgesandt, und aus dessen Anstalten ersehen hatte, daß er den Uebergang dieses Bergstroms zu vertheidigen gedenke, ließ mehrere Batterien errichten, seine Unternehmung zu begünstigen. *) Denselben Tag, nachdem er Parteyen gegen Fornovo geworfen, und die verschiedenen feindlichen Abtheilungen, die noch die Gebirge durchstreiften, sich zurück zu begeben gezwungen, setzte er die verschiedenen Truppenkorps in Linie, und machte seine Verfügungen, den 2. März mit Tages Anbruch über den Taro zu gehen. Nachdem alles in Gemäßheit auf diesen Augenblick bereitet worden, setzte die Brigade Schmitz zwischen Noceto und Castel Guelfo über den Strom, und die Brigade Jeanin an der Fuhrt von Delia, die Stellung des Feindes zu umgehen, und bey Pancrazio hervorzubrechen, zu gleicher Zeit, als die Brigade Darnaud und die Reiterey General Rambourg's, sich auf Ponte Taro richtend, sein

---

*) Der König von Neapel kam den 29sten Abends, die Vorpostenlinie zu besichtigen; General Rambourg, der eine Gruppe Reiter erblickte, ließ drey Kanonenschüsse daraufthun, die dieselbe zerstreuten.

Centrum angriffen. General Severoll's Truppen bildeten die Reserve.

Wie man vorbrach, gewahrte man, daß der Feind seine Artillerie aus den Batterien abgeführt, und sich nur Beobachtungsposten am Taro befanden, die leichterdings geworfen wurden; man machte etwa 100 Gefangene an dem von Caluchio kommenden Kanal, der Vertheidigungsmittel gestattet; ein Jäger=Regiment zu Pferd that auf der Landstraße einen glänzenden Sturmritt, und machte ein Dutzend feindliche Husaren gefangen.

General Grenier, benachrichtiget, daß der Feind Parma zu vertheidigen gedenke, und daß der König von Neapel, indem er sich beym ersten Anstoß hinter die Enza zurück gezogen, den Fehler begangen, 3000 Mann, meist Oestreicher, in jene Stadt zu werfen, machte sofort seine Angriffs=Anstalten. Zu dem Zweck richtete er, bey einem abscheulichen Wetter, die Brigade Schmitz so, um auf der Straße, die von dieser Stadt nach Fornovo führt, dagegen anzurücken, mit Befehl, sich des neuen Thors zu bemächtigen. Die Brigade Jeanin nebst dem größten Theil der Reiterey=Brigade Rambourg befolgten die Straße von St. Secondo, mit Befehl, über die Parma zu gehen, und das Thor St. Barnaba zu erzwingen, während die Brigade Darnaud das Thor von Piacenza in der Fronte angriffe.

Während sich diese Bewegungen vollzogen, zwang ein ziemlich lebhaftes Kanonen= und Kleingewehr=Feuer von den Wällen General Grenier, die Brigade Darnaud und das Dragoner=Regiment Napoleon, das ihr als Reserve folgte, aufmarschiren zu lassen. Die Artillerie der 2ten Division ward in Batterie aufgefahren, um die Aufmerksamkeit des Feindes auf diese Seite zu locken, und dadurch den Kolonnen rechts und links es leichter zu machen, den Durchgang zu erzwingen, und die Stadtmauern zu ersteigen.

Ein

Ein Bataillon der Brigade Schmitz, unter Obrist Broussier, zog, nebst einigen Jägern zu Pferd, längs den Stadtmauern hin. Alle Thoren waren geschlossen und bewacht; jedoch einige Voltigeurs, denen es gelang, beym Thor St. Francesco die Mauer zu ersteigen, und den Feind davon zu verjagen, bemächtigten sich alsobald des Thors, und gaben so jenem Bataillon, nebst den Reitern, Einlaß. Der Feind begann hierauf seine rückgängige Bewegung; Obrist Broussier richtete sich gegen das neue Thor, ging auf der Brücke Capra-Zucca über die Parma, und gelangte über den Corso an das Thor St. Michael. Unterdessen manövrirte General Jeanin an der Parma, und richtete die Eliten-Kompagnien eines Regiments gegen den kaiserlichen Garten; schon hatte deren Anführer und einige Voltigeurs den Garten erstiegen, als ein Einwohner von Parma, der insgeheim einen Schlüssel des Gartens behalten hatte, die Thüre desselben aufschloß, und so diesen Kompagnien den Eintritt in die Stadt von dieser Seite erleichterte. Rechts gelang es drey Grenadier-Kompagnien der Reserv-Division Severoli, die Wälle zu ersteigen, während alle Kolonnen auf mehreren Punkten der Stadt vorbrachen. Diejenige rechts war an das St. Michaelsthor in demselben Augenblick gekommen, wo die Reserve des Feindes die größten Anstrengungen machte, wieder einzudringen, um den Rückzug der Truppen General Gober's zu begünstigen, die nicht Zeit gehabt hatten abzuziehen. Was noch da war, streckte das Gewehr, und gab sich gefangen; 1200 Mann, mit mehreren Oberoffizieren und Offizieren fielen so in der Stadt in unsere Gewalt. Ein Regiment besetzte sofort das neue Thor, und ein anderes marschirte gegen die Citadelle, deren Thore man auftrieb, allein man fand nur noch 36 Mann und einen Offizier darin, die sich ergaben.

Während dieser Vorgänge setzten die Brigade Jeanin und die Reiterey-Brigade Rambourg über die Parma, und stießen auf eine feindliche Kolonne Infanterie, Artillerie und Reiterey, die Parma zu Hülfe zog. General Jeanin griff sie sogleich an, und brachte sie in Unordnung. General Rambourg benützte dieß, und gab mit zwey italienischen Jäger-Regimentern Sturm auf sie, der, mit der größten Tapferkeit ausgeführt, 400 Mann Gefangene, zwey Kanonen mit ihren Munitionswagen und mehrere bespannte Wagen mit Sapeur-Werkzeugen einbrachte. Der Feind, zuerst aus seiner Richtung bis jenseits Colorno gejagt, und nacheinander bis an die Enza zurück geworfen, ward überdieß auf der Landstraße von Reggio, mit Hülfe der Brigade Schmitz, vom Dragoner-Regiment Napoleon verfolgt, und durch letzteres und General Rambourg's Jäger gezwungen, in Unordnung über die Enza zurück zu gehen; er hielt jedoch bey den Verschanzungen, die er am rechten Ufer hatte, inne, und wollte sie vertheidigen; allein sobald er gewahrte, daß Kolonnen sich anschickten, oberhalb der Brücke über die Enza zu setzen, zog er sich in aller Eile auf Reggio zurück, nachdem er die Brücke verrammelt hatte. So befanden sich beyde Ufer der Enza in unserer Gewalt, und unsere Vorposten wurden bey Ilario aufgestellt. Die neapolitanischen Truppen, unter General Campana's Befehl, mit Ausnahme einiger Kompagnien Infanterie und einer kleinen Abtheilung Reiterey, die einen Theil der von General Jeanin angetroffenen Kolonne ausmachten, so wie zwey englische Bataillone, die sich zu Parma befunden, hatten diese Stadt um 6 Uhr Morgens geräumt; und was die neapolitanische Brigade unter General Pepe betrifft, die an der Enza als Reserve aufgestellt gewesen, so hatte sie sich auf die ersten Kanonenschüsse, die sie zu Parma abfeuern gehört, nach Reggio zurück gezogen.

Der Verlust des Feindes belief sich auf 600 Todte, 2200 Gefangene, 2 Feuerschlünde mit ihren Munitionswagen; 5 Wagen mit Sapeurs-Geräthschaften und 3009 Flinten;

der unserige auf 240 Mann außer Streitfähigkeit. Neunzig Neapolitaner, die sich unter den Gefangenen befanden, wurden dem König von Neapel zurückgeschickt. *)

Den 3. März rückte die Brigade Rambourg auf Reggio, woselbst der Feind nur einen schwachen Vortrab gelassen hatte, der einige Mann verlor; und die 2te Division faßte an der Enza Posten. Den 4ten traf General Severoli mit 7 Bataillonen (4 von der Division Gratien) zu Reggio ein, woselbst er Stellung faßte, während er seinen aus einem Jäger=Regiment zu Pferd und zwey Voltigeurs=Kompagnien bestehenden Vortrab über den Rodano, zwischen Reggio und Rubiera, vorstieß. Den 5ten faßte General Gratien mit 4 andern Bataillonen an der Enza Posten.

Nach dieser Unternehmung ging General Grenier mit der Division Rouyer und der Brigade Jeanin zu Borgoforte über den Po zurück, und traf den 6ten wieder bey der Hauptarmee hinter dem Mincio ein. Den 5ten März hatte General Paolucci eine Kundschaftung von 600 Mann, in zwey Kolonnen in gleicher Stärke, von Governolo auf Casale gerichtet, dessen Befestigungen sie zerstörte; sie brachte 57 Gefangene mit sich zurück, und tödtete und verwundete dem Feind einige Mann; wir zählten nur einige Verwundete.

Den 7ten hatte die Armee folgende Stellung inne: Die Division Fressinet von Borghetto und zu Monzambano; die Division Quesnel, von Montalto bis Pozzolo gegenüber; die Division Marcognet zu Goito und Cerlongo; die Divi=

---

*) Dieser Zug, so wie der ganze Vorgang, läßt zu allerley Betrachtungen Raum, besonders wenn man etwa zu der Zeit in Italien Nachricht von Napoleon's Erfolgen aus der Mitte Februars haben mochte.
       Der Uebersetzer.

sion Rouyer zu Mantua, von wo sie den 9ten nach Marcaria und Bozzolo verlegt ward; die königliche Garde zu Mantua; die Reiterey in zweyter Linie.

Indessen, wie das östreichisch-neapolitanische Korps sah, daß man aufhöre es zu verfolgen, stieß es schon den 6. März eine starke Kundschaftung gegen die Division Severoli vor. Der Vortrab letzterer, von seinem Hauptkorps zu entfernt, um unterstützt zu werden, und durch zwey Bataillone, zwey Schwadronen und Artillerie angegriffen, ward geworfen, und verlor einen Theil seiner Voltigeurs. Den 7ten marschirte der König von Neapel mit seiner auf diesem Punkt 18,000 Mann starken Armee auf Reggio. General Severoli hatte General Soulier mit 4 französischen Bataillonen in der Stadt gelassen, und seine 3 italienischen Bataillone vorwärts derselben in erster Linie aufgestellt; die Reiterey befand sich hinterwärts der ersten Linie.

Wie General Severoli seine erste Linie angegriffen sah, begab er sich in Person dahin, und zwar zu den dem Feind zunächst stehenden Truppen, um sie durch das Beyspiel seiner Festigkeit ausdauern zu machen, und den Feind so lange wie möglich aufzuhalten, als eine Kanonenkugel ihm das Bein abschlug. Ungeachtet dieser schweren Verwundung ließ dieser tapfere General sogleich General Rambourg herbey rufen, und sagte ihm mit größter Kaltblütigkeit, es habe nichts zu bedeuten, man müsse fest halten und sich Ehre machen.

General Rambourg, der ihm an dieser Stelle folgte, sah sich gezwungen, sich nach Reggio zurück zu ziehen, woselbst er dem Feind einen so lebhaften Widerstand entgegensetzte, daß der König von Neapel, ungeachtet des Mißverhältnisses der Kräfte, ihm vorschlagen ließ, das Feuer einzustellen und die Stadt zu räumen. General Rambourg willigte ein, und vereinigte sich den 8ten, nachdem er über die Enza zurück gegangen war, zu Costolo mit General Gratien.

Obgleich zu dieser rückgängigen Bewegung gezwungen, legten die Truppen, die den 7ten fochten, viele Ehre ein, indem sie, so wenig zahlreich sie auch waren, der ganzen neapolitanischen, mit General N u g e n t' s Korps vereinigten Armee einen so kräftigen Widerstand leisteten, ja ihr auch Verluste beybrachten, wie namentlich auf der Straße von Scandiano, wo im Augenblick, als der Feind seine Anstrengungen gegen das Thor des Schlosses verdoppelte, General Rambourg ihn durch ein aus der Stadt ausrückendes Bataillon mit dem Bayonette und durch eine Schwadron Jäger zu Pferd stürmen ließ; bey welchem Sturme über 60 ungarische Grenadiere getödtet wurden.

Unser Verlust belief sich auf 420 Mann, sowol an Todten als Verwundeten und Gefangenen; der des Feindes muß viel beträchtlicher gewesen seyn, obgleich wir nur etwa 100 Gefangene machten.

Den 8ten zog sich General G r a t i e n hinter den Taro zurück, woselbst er Stellung nahm, den Vortrab vorwärts Casta=Guelfo, die Brigade Soulier hinterwärts desselben Orts, die Brigade Vandeden zu Sanguinara.

Bey der Blokade von Venedig trugen sich im Laufe des Märzes folgende Vorgänge zu. Den 8ten griff der Feind die Schanze la Cavanella d'Adige mit 800 Mann und 5 Stücken an. Der Angriff ward abgeschlagen; eben so ein anderer Angriff am 13. Den 19ten schlug ein Theil der Garnison von Treporti die feindlichen Posten auf dieser Seite zurück, und erweiterte etwas die Blokade. Tags darauf, so wie die folgenden Tage, erneuerten die Oestreicher ihre Angriffe auf Cavanella, immer ohne Erfolg. General Seras, der vorsah, daß der Feind alle seine Kräfte anwenden würde, sich dieses Postens zu bemeistern, ließ den 22sten Artillerie, Kriegs= und Mund=Vorrath davon wegbringen. Den 23sten ging der Feind mit Uebermacht über die Etsch, und bemächtigte sich des Forts St. Anna. Die Garnison von Cavanella, die sich hiedurch abgeschnitten sah, verließ jetzt ihren Posten, und bahnte sich mit dem Bayonette ihren Weg mitten durch die Oestreicher, die, ungeachtet ihrer Ueberlegenheit, deren Durchgang nicht zu hindern vermochten. Den 1. April wurden die zwey bey Alleresse aufgestellten Kanonenboote durch 300 Mann mit 3 Feldstücken angegriffen und gezwungen, sich fechtend zurück zu ziehen.

Den 10. März befahl der Vicekönig, Kundschaftungen auf der ganzen Linie in der Richtung von Roverbella, Villa-Franca, Castiglione Mantovano, Castellaro und Ostiglia. Sie bewirkten, daß die östreichische Armee sich zu Verona konzentriren mußte, mit einem Vortrab zu Villa-Franca und einem andern zu Castelnuovo, und das Gepäcke hinter der Etsch. Der Feind verlor an diesem Tag 400 Mann außer Streitfähigkeit und 100 Gefangene.

In den ersten Tagen desselben Monats theilte der Herzog von Otrant, General-Kommissär des Kaisers Napoleon, dem General Miollis, der sich noch in der Engelsburg befand, den Vertrag mit, den er den 24. Februar zu Lucca mit General-Lieutenant Lecchi, Gouverneur für den König von Neapel in Toscana, geschlossen. Derselbe bedingte die Räumung der Engelsburg und von Civitavecchia, und die Uebergabe dieser Plätze an die Neapolitaner. Die Garnisonen sollten zur See auf Kosten des Königs von Neapel nach Marseille übergesetzt werden. Dem zu Folge zogen die Franzosen den 10. März aus der Engelsburg mit Waffen, Gepäck und Kriegskasse ab, um sich nach Civitavecchia zu begeben, woselbst beyde Garnisonen eingeschifft werden sollten. Da aber die nöthigen Transportschiffe nicht geliefert wurden, schickte man diese Truppen über Florenz und Bologna auf Viterbo zur italienischen Armee, der sie bey der Rückkehr über die Alpen vorgingen. Nur das Gepäck und ein Regiments-Depot wurde eingeschifft.

Nach der Uebergabe von Livorno hatten die Engländer einen neuen Truppen-Transport aus Sizilien kommen lassen. Sobald sie Nachricht von der baldigen Ankunft dieser Verstärkung hatten, setzten sie sich längs der Küste in Marsch, nahmen den 23sten links der Magra Stellung, und bemächtigten sich Sarzana's. Denselben Tag landeten die von Sizilien kommenden Truppen zu Lerici, unter dem Schutz mehrerer Kriegs-Fahrzeuge. Die Küstenkanoniere verliessen ihre Batterien, und der Feind sprengte das Pulvermagazin der Batterie St. Theresia in die Luft, dessen Verpuffung so stark war, daß sie auf der ganzen Ostküste des Golphs einen Nebel hervorbrachte, der bey einer Stunde dauerte. Diesen Tag fielen auch noch einige Gefechte an der Magra vor; da sich aber die zu Lerici ausgeschifften Truppen der Vara nahten, befürchtete General Rouyer St. Victor abgeschnitten zu werden, und entschied sich zum Rückzug auf Chiavari. Er hinterließ eine hinlängliche Garnison im Fort Sta. Maria, vertraute die Wache den Galeerensklaven der Munizipalität von Spezia, und setzte sich den 26sten in Bewegung. Dieser Rückzug war um so nothwendiger, als der Feind mit Uebermacht zu Chiavari, Rappalo oder Recco landen konnte, wodurch General Rouyer abgeschnitten und die Stadt Genua der Hälfte ihrer Vertheidigungsmittel beraubt gewesen wäre. Den 28sten nahm dieser General Stellung zu Sestri di Levante, die Batterien des Golphs von Rapallo zu beschützen und Chiavari zu decken. Gleichfalls ließ er die Anhöhen besetzen, den Rückzug der Truppen zu decken, die er nach Pontremoli und Borgo di Val Taro geschickt hatte, von wo es ihnen den Feind zu vertreiben gelungen war.

Durch diese Bewegung bedrohte der Feind, der Meister von Spezia und des ganzen Magrathals war, die Rechte der Tarolinie. Der Vicekönig hatte eben erst General Maucune abgeschickt, den Befehl des abgesonderten Korps rechts der italienischen Armee zu übernehmen, dessen Bestand folgender war:

Der Divisions-General **Maucune**, Oberbefehlshaber des abgetrennten Korps, und unter ihm General Gratien, die Division befehligend.

		Bataillone.	
1ste Brigade,	General **Vandeden**	5	
2te —	General **Soulier**	5	
3te —	General **Rambourg**	1 und	9 Schwadr.
		11 Bat.	9 Schwadr.
		und 12 Feuerschl.	

Es fiel in den letzteren Tagen des Märzes weiter kein wichtiges Ereigniß bey der Armee mehr vor, außer einem kleinen Gefecht auf dem Gardasee zwischen unserer Flotille unter Kapitain Templé von der italienischen Marine, und der östreichischen, aus 8 Kanonenbooten bestehenden Flotille. Es dauerte zwey Stunden lang; drey der feindlichen Boote sanken, und der Rest der Flotille ward gezwungen, sich unter den Schutz der Batterien von Torry und des Musketenfeuers der Landtruppen zu flüchten und sich stranden zu lassen.

General **Villatte**, benachrichtiget, daß der Feind leichte Truppen auf Gonzaga, Suzzanna und Tolcino vorgestoßen hatte, richtete sich den 31. März mit etwas Infanterie und wenigen Jägern zu Pferd auf letztern Punkt; er griff den Feind an, der ihm kräftigen Widerstand leistete, tödtete und verwundete ihm einige Mann, und machte 43 Gefangene.

Um diese Zeit beengten die Engländer die Blokade von Venedig zur See. Sie hatten drey Schiffe und mehrere kleinere Fahrzeuge unter dem Befehl des Contre-Admirals Sir John Gower. Den 6ten benützten die zwey italienischen Fregatten, die **Prinzessinn von Bologna** und die **Piave**, die sich auf der Rhede von Chioggni befanden, und die ein längerer Aufenthalt bloßstellen konnte, eine augenblickliche Abwesenheit der feindlichen Station, und liefen in den Hafen von Venedig ein. Sie stellten sich in die Mündung des St. Markuskanals neben die Kriegsschiffe Castiglione, Regenerateur und St. Bernhard.

April 1814.

Den 1sten April ward Genua in Belagerungszustand erklärt. Die demselben angemessenen Maßregeln sowol für die Verproviantirung des Platzes und der Einwohner, als zur Unterdrückung von Aufständen, wurden zwischen General Fresia und den Landes-Behörden verabredet. Die innere Polizey mußte hauptsächlich das Augenmerk auf sich ziehen, und erfoderte durchaus die thätigste Aufsicht und den Einklang der Civil- und Militär-Gewalten. Die Engländer, durch ihren Nationalgeist in der Verführungskunst stark (?) *), hatten sich Verständnisse in der Stadt und den umgebenden Dörfern verschafft; eingerichtete und von der Flotte gekannte Signale gaben von der Lage des Landes und den Bewegungen der Truppen von Rapallo bis Savona Kunde.

Nachdem die Engländer noch frische Truppen im Golph von Spezia in den ersten Apriltagen gelandet, drängten sie das Fort Sta. Maria so kräftig, daß es in vier Tagen kapituliren mußte. Die englischen Kriegsschiffe nahten sich der Küste unterhalb Genua. Den 4ten schickten sie einige kleine Fahrzeuge gegen Voltri vor. Allein alle diese Scheinbewegungen hatten keinen andern Zweck, als die wahren, die sie an der Ostküste machen wollten, zu verbergen, und die Aufmerksamkeit der Garnison von Genua davon abzuziehen.

---

*) Durch was für Mittel kamen denn die Franzosen, unter andern im Jahr 1806, so schnell in die preußischen Festungen? u. s. w.

Der Uebersetzer.

Den 6ten erhielt General Callier, Befehlshaber des Montenotte-Departements, den Auftrag, 200 Mann von Savona nach Voltri und Sestri (di Ponente) abzuschicken, um die Küstenbatterien zu beschützen, und sich den kleinen Landungen zu widersetzen, die der Feind vorhaben mochte, um hier tägliche Verbindungen zu unterhalten.

Den 7ten ward General Rouyer St. Victor in der Stellung von Sestri di Levante mit Uebermacht angegriffen. Der Kampf stund den ganzen Tag über, die Eliten-Kompagnien, die hier fochten, thaten Wunder der Tapferkeit; allein da General Rouyer durch das Thal Fontana-buona, woselbst einige Volksbewegungen entglimmt waren, umgangen werden konnte, verließ er, seinen Verhaltungsbefehlen gemäß, Sestri, um sich Nachts gegen Rapallo zurück zu ziehen; er nahm hinterwärts dieses Punkts beym Berg Porto-fino Posten, mit der Rechten am Schloß St. Georg, das Centrum zu St. Margaritha, die Linke zu Pietra-Ritta; er behielt einen kleinen Vortrab zu Rapallo, und ließ die Bergrücken gegen Scafera hin durchstreifen, um Fontana-buona und die Volksbewegungen in diesem Thal zu beobachten. Lord Bentinck, Befehlshaber der englischen Truppen zu Wasser und zu Land, hatte einen ausgewanderten Landes-Eingebornen, Namens Liveroni, damals Major in englischem Dienst, dahin geschickt. In der Nacht vom 7ten auf den 8ten machten die Engländer verschiedene kleine Landungen, und untersuchten den Ankergrund. Kleine englische Fahrzeuge befuhren unablässig die Küste von Nervi bis Camoglia; sieben derselben feuerten von Tagesanbruch bis Nachts um 10 Uhr auf Recco; sie hatten Truppen an Bord; allein die feste Haltung der kleinen französischen Truppen-Abtheilung hinderte sie zu landen. Die Abtheilung zu Rapello ward gleichfalls beschossen.

Den 9ten ließ General Fresia den General Rouyer St. Victor durch General Pegot ersetzen, den der

Vicekönig nach Genua geschickt hatte. Denselben Tag ward Recco abermals vom Feind beschossen; folgenden Tags erneuete sich das Feuer; allein dasjenige einer Haubitze und eines Mörsers, die auf der Höhe zwischen Recco und Camoglia aufgestellt wurden, zwang die kleinen Fahrzeuge und die sie unterstützende Fregatte auf die Höhe zu segeln. Da jedoch jene zwey Feuerschlünde nur in Eile hingebracht worden waren, konnte ihr Dienst nicht lange dauern, und also bald näherten sich die englischen Fahrzeuge wieder.

Den 9ten, Abends, da General Pegot erfuhr, daß sich eine östreichische Abtheilung des Korps General Nugent's mit den Insurgenten vereinigt, und er sah, daß die Engländer ihr Feuer auf Recco und Sori nicht aufgaben, entschloß er sich, die Stellung während der Nacht zu verlassen. Der Rückzug geschah in guter Ordnung. Den 10ten, Morgens, nahm General Pegot die Stellung von Montefascio ein; dieselbe wäre mit einer größeren Truppenzahl trefflich gewesen.

Die Engländer hatten vor Genua 9 Kriegsschiffe und 3 oder 4 Fregatten, nebst einer großen Anzahl Transportschiffe. Man sah sie sich gegen Sarona richten, was einen Augenblick für diese von St. Pietro d'Arena bis Arenzano sich erstreckende flache, den Landungen sehr bloßgestellte Küste befürchten ließ; dieselbe befand sich nur von drey kleinen Infanterie-Abtheilungen besetzt.

Den 11ten übersandte der Kapitän des englischen Kriegsschiffs Abukir durch einen Freyboten ein Schreiben seines Admirals an General Fresia; dasselbe enthielt Vorschläge für die Küstenbefahrung, und Klagen, daß man seine kleinen Fahrzeuge beschossen. Die Lächerlichkeit und Falschsinnigkeit dieses Schrittes waren zu sichtbar, um darauf zu antworten; man begnügte sich daher, dem Freyboten die Bemerkung darüber zu machen.

Den 12ten griff der Feind General Pegot in der Stellung von Montefascio an. Man schlug sich den ganzen Tag über; da aber General Pegot die Unmöglichkeit zu widerstehen einsah, bewerkstelligte er in der Nacht seinen Rückzug; er begab sich in die Stellung von Sturla*), auf den Anhöhen von Albarlo, die Rechte am Meer, durch eine Batterie von 4 Kanonen gedeckt, die Linke am Fort Richelieu. In derselben Nacht versuchten die Engländer eine Landung zu Arenzano, wurden aber zurückgeschlagen.

Den 13ten ward General Maucune, der fortdauernd den rechten Flügel der Armee befehligte, am Taro angegriffen. Er setzte dem Feind den lebhaftesten Widerstand entgegen, allein durch überlegene Kräfte überragt, mußte er sich hinter die Nura zurückziehen. Den 14ten Abends wurde er neuerdings überflügelt, an dem Flusse überwältigt, und gezwungen, unter die Mauern von Piacenza zurück zu weichen. Auf die Nachricht dieser Bewegungen des Feindes auf der Rechten der Armee schickte der Vicekönig die königliche Garde auf Bozzolo und Casal Maggiore ab; die Division Rouyer rückte in zweyter Linie auf Guidizzolo, die andern Divisionen blieben in Stellung.

Um diese Zeit erhielt der Vicekönig zwar durch den Feind, doch auf eine über die Wahrhaftigkeit der Mittheilung keinen Zweifel lassende Weise, Kunde von dem Ergebniß der von den französischen Armeen erlittenen Unglücksfälle, obgleich die italienische Armee beständig siegreich gewesen

---

*) La Sturla, wohl ein kleines Flüßchen oder Bergwasser?; vermuthlich mit einer kleinen, gleichnamigen Ortschaft, ganz nahe bey Genua, zwischen Nervi und Tor d'Amore; ja nicht mit dem größern Fluß oder Bergstrom la Sturla zu verwechseln, der sich auch am östlichen Genuesischen Littoral bey Chiavari in's Meer ergießt.

Der Uebersetzer.

war. *) Er willigte hierauf in den Vorschlag Marschall Bellegarde's, über die Räumung Italiens zu unterhandeln, wozu von Seiten des Vicekönigs der Ingenieur-General Dode de la Brunerie und General Zucchi,

---

*) Es ist dieß offenkundig für alle diejenigen, die sich in Italien befunden haben; könnte indessen hierüber irgend ein Zweifel obwalten, so muß sie folgender Auszug eines aus Chatillon unter dem 30. März 1814 erlassenen Schreibens des Viscounts Castleredgh an Lord W. Bentink, Befehlshaber der Unternehmung gegen Genua, und beauftragt, den Aufstand der Einwohner gegen die französische Regierung zu erregen, haben:

„Unzufriedenheit, daß die große Ueberlegenheit der Streit-
„kräfte der Alliirten über Marschall Beauharnais noch
„nicht die Folgen gehabt, die man davon zu erwarten das
„Recht hat."

Anm. des Verfassers.

Es sey uns erlaubt, bey dieser vom Verfasser selbst gegebenen Veranlassung einige wenige Blicke auf den Feldzug selbst nach seinen eigenen Angaben zu werfen, so wie auf seine Art, ihn zu schildern.

In Rücksicht letzterer finden sich die Thatsachen mit Bündigkeit und Deutlichkeit dargestellt. Allein unverkennbar sind die Thaten und Erfolge der Franzosen mit glänzender Folie belegt; die gelungenen Unternehmungen der Gegner dagegen erhalten höchstens trockene Aufzählung, und sind dabey noch öfter nicht der Berechnung des feindlichen Führers, sondern allein bewirkenden, politischen Nebenursachen zugeschrieben. Die feindlichen Verluste sind immer mit großer Sorgfalt und ausführlich aufgezählt, gewiß nie unterschätzt; die französischen dagegen mehrmals bey eingestandenen, bedeutenden Nachtheilen mit Stillschweigen übergangen.

Daß der Prinz Vicekönig sein Heer mit großer Einsicht, Gewandtheit, Sachgemäßheit und Kraft geleitet hat, ist unbestreitbare Thatsache. Sein Verdienst ist um so größer, da seine Streitkräfte mit denen der Oestreicher sich an Zahl so ziemlich aufwogen, oft auch unterlegen seyn mochten, dabey

Gouverneur von Mantua, und von Seiten Marschall Bellegarde's General-Lieutenant Neipperg, Befehlshaber des Vortrabs, ernannt wurden. Den 16. April ward eine Militär-Uebereinkunft unterzeichnet, des Inhalts, daß die unter

die Ungeübtheit der großen Masse seiner Soldaten eine mißliche Hemmung in die Freyheit seiner Bewegungen bringen mußte. Nachdem die Neapolitaner gegen ihn auftraten, und die Engländer landeten, fand er sich vollends in der Minderzahl.

Alles dieß eingestanden, so scheint uns dagegen nicht zu läugnen, daß die Bewirkung des Rückzugs der französischen Armee von Stellung zu Stellung von der Drau bis hinter die Etsch den strategischen Berechnungen des östreichischen Feldherrn nicht abzusprechen sey, vielleicht demselben höchstens ein Mangel an durchgreifender Kraft, sey es des Feldherrn oder der Truppen, dieß nicht noch auf eine glänzender Art vollbracht zu haben. Diesen Rückzug auf Rechnung der bayrischen Neutralität zu setzen, ist unstatthaft, denn diese Neutralität kam ja beyden Parteyen zu gut; wenigstens kannte oder sah sie der Vicekönig so gut, wie der östreichische Feldherr, und beyde konnten also ihre Anstalten darnach berechnen. Daß es den französischen Angelegenheiten in dieser Gegend eine andere Wendung gegeben hätte, wenn Bayern den Franzosen Beystand geleistet hätte, wollen wir nicht läugnen; dann minderte sich aber auch das Verdienst des Widerstandes oder der Vortheile, die man hier gegen Oestreich erfochten hätte.

Den Rückzug von der Etsch an den Mincio geben wir mit dem Verfasser der Lage zu, die der Beytritt der Neapolitaner zu den Alliirten erzeugte. Der vollends zu Stand gekommene Politikwechsel Bayerns hingegen konnte wieder eigentlich dazu nichts beytragen, denn fortdauernd enthielt es sich, auf diese Seite hin zu wirken.

Was die Schlacht am Mincio betrifft, so scheint ganz unverkennbar, daß der zufällige Zusammenstoß der gegenseitigen Unternehmungen beyde lähmte und scheitern machte; denn wie wir schon bey der betreffenden Stelle bemerkten, die östreichische Armee wurde keinerdings, was doch der Verfasser selbst als Plan des Vicekönigs bezeichnet, in die Etschlinie zurück-

dem Befehl des Vicekönigs befindlichen französischen Truppen innerhalb der Gränzen Alt-Frankreichs zurück kehren, die italienischen hingegen forthin in dem von ihnen besetzten Theil des Königreichs Italien verbleiben, die Plätze Osovo, Palma Nova, Venedig und Legnago sofort den Oestreichern übergeben werden sollten.

Den 13ten April erhielt General Callier Befehl von Savona, mit allen seinen Truppen, der beweglichen Batterie, und allen ausgebesserten Flinten nach Sestri abzugehen. Er sollte die Batterie von Sestri vertheidigen, und eine Landung bey St. Pietro d'Arena hindern. Da der Punkt von Conegliano besetzt seyn sollte, ward er ihm zum Rückzug angewiesen, wenn er zu Sestri überwältigt werden sollte.

Denselben Tag landeten die Engländer zu Nervi Infanterie, Artillerie und etwas Reiterey, und griffen die

---

geworfen, eben so wenig, als es dem östreichischen General glückte, Fuß auf dem rechten Mincio-Ufer zu fassen, oder gar die französische Armee davon abzudrängen, was seine Zwecke seyn mochten.

Der erste Anfall gegen die neapolitanische, mit dem Korps General Nugent's verbundene Armee war sicher äußerst glänzend; allein das augenblickliche Betragen des Königs von Neapel scheint entweder sehr schwach, wo nicht gar zweydeutig, oder aber militärisch höchst fehlerhaft gewesen zu seyn.

Durch das nachherige kräftige Vorrücken der neapolitanisch-östreichischen Armee aber, und nach der Landung und den Erfolgen der Engländer bey Genua, ward indessen die Lage der italienischen Armee augenscheinlich höchst kritisch, und mußte es täglich mehr werden. Diese Armee also als unbedingt siegreich darzustellen, gehört doch auch unter die rhetorischen Uebertreibungen.

Wir halten den kriegerischen Ruhm des Vicekönigs für groß und erprobt genug, um die nackte Wahrheit vollkommen ertragen zu können.

Der Uebersetzer.

Stellung von Sturla an. Zu Anfang des Gefechts vernagelten die Küsten-Kanoniere der Batterie von Sturla ihre Stücke, und verließen ihren Posten. General Pegot führte sie, den Degen in der Faust, dahin zurück, ließ die Stücke entnageln und das Feuer wieder anfangen. Kurz darauf ward dieser General verwundet; da sich General Piat in der Nähe befand, ersetzte ihn dieser. Der Kampf dauerte den ganzen Tag über auf den Höhen von Albaro; gegen Abend gelang es den Haubitzen des Feindes, die Batterie von Sturla zu zerstören. Während der Nacht berichtigte man die Stellung, indem man sie mit der Batterie von Tor d'Amore in Verbindung setzte. Da die Küsten-Kanoniere dieser Batterie, so wie diejenigen von Lavagno-St. Michele, ihre Posten verlassen hatten, ersetzte man sie durch Linien-Kanoniere.

Den 14ten erneuten die Engländer ihren Angriff auf die Stellung von Albaro. Lord Bentinck befand sich in Person dabey. Man schlug sich den ganzen Tag mit größter Erbitterung. Lord Bentinck hatte den Genuesern durch einen geheimen Unterhändler ankündigen lassen, daß er den folgenden Tag in ihren Mauern seyn würde; er zählte auf die Ueberlegenheit seiner Kräfte. Diese Umtriebe veranlaßten einige Zusammenrottungen in der Stadt, deswegen General Fresia für nothwendig fand, die Munizipalität einzuladen, die Nationalgarde in Thätigkeit zu setzen, obgleich auch in diesem Korps schon einige Gährung herrschte. Allein es gab kein anderes Mittel, die Ruhe zu erhalten. Das Ausreißen hatte die Marine auf die Bemannung einer einzigen Brigg herabgebracht. Denselben Tag ließ Lord Bentinck, dessen Freyboten man nicht mehr annahm, auf einen Felsen ein die Nachrichten von Paris enthaltendes Schreiben niederlegen, als welche man zwar auch schon von Turin, jedoch nicht offiziell, durch die Vermittlung Hrn. von Brissac's, Präfekts von Alexandrien, erhalten hatte.

Den 15ten fing das Feuer gegen Albaro wieder an, und dauerte beynahe den ganzen Tag. Den 16ten vermehrte der von Turin eingetroffene Moniteur die Gährung unter dem Volk. Die Civilgewalten erhielten das Organisations-Dekret der provisorischen Regierung und Verwaltungsbefehle. Der General-Gouverneur empfing nichts. Der Feind, der indessen seine Fregatten und kleinen Fahrzeuge der Küste hatte nähern können, traf Anstalt zu einem allgemeinen Angriff auf die Stellung von Albaro. Die Gährung stieg in der Stadt und auf der Küste auf den höchsten Grad; die Einwohner, des dermaligen Zustandes der Dinge überdrüssig, und voll albernen Zutrauens auf die Proklamation der Engländer an die Völker Italiens, sich mit der Hoffnung der Herstellung ihrer alten Regierung schmeichelnd, schenkten ihren betrügerischen Versprechungen vollen Glauben. *) Zu Porto-Mauricio suchte man die Kanoniere zu hindern, auf die englischen Fahrzeuge zu schießen. Die Kompagnien der beweglichen Nationalgarde von Toulon, die sich daselbst und zu Alassio befunden, waren zu Ersetzung der weiter gezogenen Linientruppen nach Savona gerückt.

Den 17ten, um 2 Uhr Morgens, machten die Engländer einen Schein-Angriff zwischen Sestri und St. Pietro d'Arena, mit einem großen Artilleriegepolter. Um 5 Uhr Morgens eröffneten sie das Feuer der Batterie, die sie rechts der Sturla, beynahe der am 13ten zerstörten gegenüber, errichtet hatten. Sie näherten ihre Fahrzeuge der Küste, und griffen mit ihrer 15,000 Mann übersteigenden Gesammtmacht die Posten von St. Martin und Franzesco d'Albaro an.

---

*) Viel läßt sich freylich über die Täuschung der den Genuesern gegebenen Hoffnungen mit Recht einwenden.

Der Uebersetzer.

Unsere Truppen sahen sich gezwungen, sie zu räumen, so wie die Flachhöhe zwischen den Forts Richelieu, Sta. Thecla und Madonna del Monte. Die im Rücken genommenen Batterien von Tor d'Amore und St. Michele di Lavagno wurden genommen, und der Feind warf einige Bomben in die Stadt. Die Gährung stieg daselbst aufs Aeußerste, der Maire und Bischof begaben sich zum General Fresia, um ihn zum Kapituliren zu bewegen. Dieser General, der von General Vignolle die amtliche Kundmachung der den 16ten geschlossenen Uebereinkunft erhalten hatte, erlaubte der Munizipalität, eine Deputation an den englischen General zu schicken, um ihn zu bitten, das Feuer aufzuschieben, allein dieß war des Letztern Zweck nicht. Man wollte die Freyheit und Unabhängigkeit der Genueser durch Mittel sichern, die weder Arsenale noch Marine in ihren Kräften ließen. *) Lord Bentinck verweigerte alle Vorschläge, und verlangte, man sollte ihm die Stadt übergeben, da die Forts St. Thecla und Richelleu kapitulirt hatten. Die französischen Truppen zogen sich hierauf in guter Ordnung hinter den Bisagno zurück, und die Engländer überschritten St. Martin d'Albaro nicht.

Die Gährung in der Stadt vermehrte sich den Tag und die Nacht des 17ten über, ohne daß die Nationalgarde sich die Mühe nahm, sie zu stillen. Den 13ten erreichte sie ihren Gipfel, und die Genuesische Fahne wehte öffentlich in den Straßen. Der englische General hatte sie auf Montefascio aufpflanzen lassen, und mehrere Exemplare der Proklamation, die den italienischen Völkern jene so erwünschte Unabhängig-

---

*) Diese Absicht kann doch wohl Lord Bentinck nach dem achtbaren Charakter, den man ihm allgemein anerkennt, nicht unbedingt zugetraut werden.

Der Uebersetzer.

keit versprach, in die Stadt einbringen und durch seine geheimen Unterhändler Geld ausspenden lassen. Er hoffte durch diese Umtriebe den befehligenden General und die Garnison zu schrecken. So machte man Treue und Glauben zum Spielwerk; Genua's Schicksal war vermuthlich schon entschieden, als man ihm noch diese Unabhängigkeit versprach, die es nicht anders, als mit Herstellung seiner alten Republik verstehen konnte. *)

Den 18ten, gegen Mittag, sandte Lord Bentinck den General-Lieutenant Macferlan die Uebergabe zu beschleunigen, indem er im Weigerungsfalle die Angriffe zu erneuern, und die Stadt zu bombardiren drohte. Der Tag verstrich mit Hin- und Herreden; in der folgenden Nacht ward die Uebereinkunft zur Räumung Genua's unterzeichnet. Den 21sten, um 8 Uhr Morgens, zog die Garnison mit Waffen und Gepäck, und 6 Kanonen mit brennender Lunte auf der Straße nach Savona ab, woselbst sie den 22sten eintraf. Von Savona richtete sie sich in zwey Brigaden, die 1ste unter General Morangié, die 2te unter General Piat auf Acqui, von wo sie den folgenden Tag weiter marschirte. Savona kapitulirte Tags darauf.

Die Kräfte zu Wasser und zu Land, die die Engländer zur Belagerung von Genua gebrauchten, bestunden aus 16 bis 18,000 Mann Landtruppen, wovon 6 bis 7000 Engländer, der Ueberrest Italiener, Sizilianer und Hanoveraner in englischen Diensten. Das von Admiral Pellew

---

*) Noch einmal, Lord Bentinck ist wohl diese Treulosigkeit nicht zuzuschreiben; auch war Genua's Schicksal wohl damals noch nicht entschieden. Daß aber die erfolgte Entscheidung die gegebenen Versprechungen, so wie die Hoffnungen aller liberalen Männer betrog, läßt sich keinerdings läugnen.
Der Uebersetzer.

(seitdem Lord Exmouth) befehligte Geschwader bestund aus 3 Dreydeckern, 6 Linienschiffen von 74 Kanonen, 7 Fregatten, 12 bis 15 Briggs und einer großen Menge Transportschiffe.

Diese Kräfte wurden einige Tage nachher durch 6000 Sizilianer, ein englisches Regiment, einige Reiterey-Abtheilungen, 2 Linienschiffe und 150 Transportschiffe vermehrt. Diese gesammte Macht hatte die Belagerung von Toulon zur Bestimmung. Der Friede hemmte dieses Vorhaben.

Zu Venedig kündigten bereits den 12ten Artilleriesalven auf allen Punkten der Linie und vom Bord der englischen Schiffe die Erfolge der verbündeten Heere in Frankreich an; und den 16ten vernahm man daselbst durch ein Kartelschiff, das der englische Admiral mit Vorschlägen zur Uebergabe des Platzes an den Gouverneur sandte, ihren Einzug in Paris, und was bis dahin darauf erfolgt war.

Die Vorschläge des Admirals wurden verworfen. Allein da den 19ten die zwischen dem Vicekönig und Marschall Bellegarde geschlossene Uebereinkunft General Seras amtlich kund gemacht ward, zogen die Oestreicher den 20sten in die Lagunen ein, und fingen an, die Posten zu besetzen.

Diese Uebereinkunft hatte das Schicksal der venetianischen Marine auf keine deutliche und bestimmte Art entschieden. Den 21sten erneute der Flaggen-Kapitän des englischen Admirals in seinem Namen die Vorschläge zur Uebergabe des Platzes. Er und sein Admiral kannten die Uebereinkunft vom 16ten nicht, oder stellten sich so, obgleich der Letztere bis am 19ten in Verona gewesen. Wahr ist es, daß diese Uebereinkunft ohne die Theilnahme Sir John Gower's geschlossen worden, allein es ist unmöglich zu glauben, daß er gar nichts davon gewußt. Wahrscheinlicher ist, daß er in seiner Eigenschaft als Befehlshaber der Blokade zur See sich der Marine von Venedig zu bemächtigen gesucht, so wie es zu Genua geschehen war, um darüber nach dem System seiner Regierung zu verfügen.

Indessen hatte der Contre=Admiral Dupéré Verhaltungsbefehle verlangt. Sie liefen ihm den 22sten ein; ihr Inhalt, der einen Zusatz=Artikel zur Uebereinkunft bildete, schrieb ihm vor, das Arsenal und alles der französischen und italienischen Marine zuständige Zeug den Oestreichern zu übergeben.

Den 19ten verließ die französische Armee von Italien die Mincio= und Po=Linie, um nach Frankreich zurück zu kehren. Den Tag zuvor hatte der Vicekönig die (bekannte) Proklamation an die Armee erlassen, (durch die er derselben die Regierungs=Veränderung in Frankreich andeutete.)

General=Lieutenant Grenier übernahm den Befehl der Armee, die im Augenblick ihre rückgängige Bewegung, der Uebereinkunft vom 16. April gemäß, anzutreten, dem Vicekönig ihre Gefühle und Wünsche (durch die bekannte Zuschrift) ausdrückte.

General=Lieutenant Grenier erließ zu gleicher Zeit einen Tagsbefehl an die französische Armee, (worin, indem er sich auf die Proklamation des Vicekönigs bezieht, er den Soldaten sagt, daß man große, im Vaterland vorgefallene, Veränderungen ankündige, ohne daß jedoch noch etwas Amtliches darüber eingelaufen; sie auffordert, indessen in der Linie ihrer Pflicht zu verharren, im Wege der Ehre fortzuschreiten, die ruhige, edle und stolze Haltung zu behaupten, die ihr die Achtung des Prinzen, der italienischen Völker und der Armee, ja selbst des Feindes zugesichert; sich den Befehlen der Regierung, die sie vermuthlich an der Gränze erhalten würden, ohne Untersuchung zu unterwerfen; sich keinen fremden Einflüsterungen hinzugeben, sondern durch ein der Ehre und Mannszucht angemessenes Betragen sich als ein des Vaterlands würdiges und zu seiner Vertheidigung immer bereites Heer zu erweisen.)

Die Armee ward in ihrer Bewegung durch die Unruhen in Mailand, zu deren Dämpfung sie beytragen sollte, aufgehalten. Nach Erfüllung dieses Gegenstandes ging sie über den Tessino; den 4. Mai befand sie sich jenseits der Sesia, woselbst sie sich mit dem abgesonderten Korps der Rechten vereinigte, welches sofort in die 4te Division verschmolzen wurde.

Bereits den 25. April, als sich das Hauptquartier zu Pavia befand, ließ der Obergeneral, Graf Grenier, einen Tagsbefehl ergehen, der die weisse Kokarde aufzustecken verordnete. (Er dankt darin zuerst den Soldaten für die Folge, die sie bisher seinem Tagsbefehl vom 18ten geleistet, und belobet ihre gute Mannszucht und ehrenvolles Verhalten; erklärt ihnen, daß die Verhandlungen der Regierung seit dem 1. April, die bis dahin nur durch fremde Mittheilung zugegangen waren, jetzt durch das Gesetzbulletin, also amtlich angekündigt seyen; daß Kaiser Napoleon's Abdankung vom französischen Kaiserthum förmlich sey; daß der Senat, das Volk, diese Abdankung selbst, die Armee von ihren Eyden gegen denselben entbänden; daß ein konstitutioneller Senats-Akt und der Wunsch des Vaterlandes die Bourbonen auf den von ihnen Jahrhunderte hindurch berühmt gemachten Thron zurück riefen, und daß Ludwig Stanislaus Xaver zum König der Franzosen ausgerufen sey; daß demnach Ehre und Vaterland sie unter dessen Fahnen einriefen, und sie demselben das reine Opfer ihrer Treue und Ergebung bringen sollten, er schildert die hohe Eigenschaften Ludwigs XVIII.; bemerkt, daß wegen der Eydleistung gegen denselben noch die weiteren Befehle von Paris zu erwarten stünden, aber verordnet schließlich, sofort die weisse Kokarde aufzustecken.)

Zu dieser Zeit hatte die Armee folgende Organisation und Stärke:

in den Jahren 1813 und 1814.

General-Lieutenant Graf **Grenier**, Oberbefehlshaber; General-Lieutenant Graf **Bignolles**, Chef des Generalstabs, (folgen die übrigen Stabs-Offiziere.)

	Batail. Gegenw.	Mann. Hospital.	Feuerschl.

Erste Lieutenance; unmittelbar vom Obergeneral abhängend.
2te Div.; General-Lieut. Rouyer.
    Brigade Schmitz 7
    — Darnaud 8
                          3,527 4,297 12

4te Div.; Gen. Lieut. Marcognet.
    Brigade Jeanin 6
    — Roque 6
                          4,855 3,961 12

Zweyte Lieutenance; General-Lieutenant Graf **Verdier**.
1ste Div.; Gen. Lieut. Quesnel.
    Brigade Campi 10
    — Forestier 6
                          5,367 3,324 12

3te Div.; Gen. Lieut. Fressinet.
    Brigade Montfalcon . . . 5
    — Grosboe 7
                          4,630 2,669 8

	Schwadr. Gegenw.	Mann. Hospital.	Feuerschl.

Reiterey; Gen. Lieut. Mermet.
Brigaden-Generale (Marechaus de Camp) Bonnemains und Gentil-Saint-Alphonse 11
                          2,352   —   —
Artillerie-Reserve 444   78 18
Großer Park 1,408 212 9

Zusammenrechnung.

77 Feuerschlünde.

	Anwesende Mannschaft.
Infanterie	18,379
Reiterey	2,352
Artillerie und Sapeurs	3,348
Zusammen	24,079
In den Hospitälern	14,977
Totalsumme	39,056.

Den 5. Mai hatte die Armee Turin und die Umgegend erreicht; hier wurde ein Tagsbefehl an sie erlassen, worin der Obergeneral ihr seine Zufriedenheit über ihre gute Aufführung bezeugt (und sie einladet, auch bey ihrem Durchmarsch über die Alpen, wo ihr noch mancherley Entbehrungen bevorstünden, dabey zu verharren, besonders auch die Soldaten einladet, ihre Fahnen nicht zu verlassen, und nicht durch ein solches Beginnen die Ehre von der italienischen Armee einen Theil gemacht zu haben, zu beflecken.)

Den 9. Mai setzte sich die italienische Armee auf vier Punkten in Bewegung, über die Alpen zurück zu gehen, nämlich: über den Col di Tende und die Graffschaft Nizza; den Val di Stura und den Col de la Magdelaine; die Straße von Fenestrelle und den Berg Genevre; den Mont Cenis. Der Artilleriepark nahm letztern Weg, und begab sich nach Valence. Die Division Marcognet zog durch das Val di Stura, und deren Artillerie und Gepäcke über Fenestrelles.

Im Junius besetzte die italienische Armee, die wohl geführt und verwaltet nach Frankreich zurückgekommen, folgende Orte:

Division Rouyer: Aix, Hauptquartier, Toulog, Brignolles und St. Maximin.

Division Marcognet: Digne, Hauptquartier, Marseille, Sisteron.

Division Quesnel: Valence, Hauptquartier, und Montelinnert.

Division Fressinet: Embrun, Hauptquartier, Gay, Briançon, Mont=Dauphin.

Reiterey: Carpentras, Hauptquartier, Avignon, Arles, Tarascon und Caraillon.

Den 20. Junius erfolgte die Auflösung der italienischen Armee, nachdem sie die zwey letzten Feldzüge mit Ruhm unter einem Anführer bestanden, der ihr ganzes Zutrauen besaß, und für den sie mit tiefster Achtung durchdrungen war.

II.

Politische Konstitution der Spanischen Monarchie.

Publicirt in Cadiz, den 19. März 1812.

Ferdinand VII., durch die Gnade Gottes und Konstitution der spanischen Monarchie, König aller Spanien und, in seiner Abwesenheit und Gefangenschaft, die Regenz des Königreichs, durch die General= und außerordentlichen Kortes ernannt, an alle Gerichte, die das Gegenwärtige sehen und lesen werden. Es sey Euch kund und zu wissen, daß die obbesagten Kortes Folgendes dekretirt und sanktionirt haben.

Politische Konstitution der spanischen Monarchie.

Im Namen des allmächtigen Gottes des Vaters, des Sohnes und des heiligen Geistes, des Schöpfers und des erhabensten Gesetzgebers der menschlichen Gesellschaft; die General= und außerordentlichen Kortes der spanischen Nation, wohl überzeugt, nach der reifsten und sorgfältigsten Prüfung, daß die alten Fundamentalgesetze dieser Monarchie, begleitet von den günstigen Absichts= und Vorsichts= maßregeln, welche ihre vollkommene Ausführung nach einer soliden und unveränderlichen Weise zum Grunde haben, den großen Zweck zu Wege bringen, welcher die Ehre, die Wohlfahrt und das Heil der ganzen Nation heischt, dekretiren, vermöge der gegenwärtigen Konstitution, zu Gunsten einer musterhaften Regierung und einer gehörigen Staatsverwaltung, Folgendes:

Erster Abschnitt.
Von der spanischen Nation und den Spaniern.

Erstes Kapitel.
Von der spanischen Nation.

Artikel 1. Unter der spanischen Nation verstehet man die Vereinigung der spanischen Völkerschaften der beyden Hemisphären.

Art. 2. Die spanische Nation ist frey und unabhängig, sie kann weder das Erbtheil einer Familie noch einer Person werden.

Art. 3. Die Souverainetät ruhet wesentlich in der Nation; und deshalb gehört ihr ausschließlich das Recht, die Grundgesetze zu stiften.

Art. 4. Die Nation ist verbunden, durch weise und gerechte Gesetze die bürgerliche Freyheit und die übrigen gesetzmäßigen Rechte aller Individuen zu behaupten und zu vertheidigen.

Zweytes Kapitel.
Von den Spaniern.

Art. 5. Alle Diejenigen sind Spanier,
1) welche frey geboren und in den spanischen Besitzungen ansäßig sind, oder deren Kinder sind;
2) solche Ausländer, welche von den Kortes eine Naturalisations=Akte bekommen haben;
3) solche, welche seit 10 Jahren in Spanien wohnhaft, und zufolge des Gesetzes zu diesem Titel berechtigt sind;
4) alle Losgekauften, welche in Spanien zu ihrer Freyheit gelangen.

Art. 6. Die Liebe zum Vaterlande ist eine der ersten Pflichten der Spanier, und folglich müssen sie gerecht und bieder seyn.

Art. 7. Ein jeder Spanier muß der Konstitution getreu seyn, den Gesetzen gehorchen, und die öffentlichen Behörden anerkennen.

Art. 8. Ebenfalls ist jeder Spanier ohne Ausnahme verbunden, nach Verhältniß seines Vermögens zu den Staats=Ausgaben beyzutragen.

Art. 9. Ein jeder Spanier, der durch das Gesetz berufen wird, muß sein Vaterland mit den Waffen vertheidigen.

Zweyter Abschnitt.
Von den spanischen Besitzungen, der Religion, dem Gouvernement und den spanischen Bürgern.

Erstes Kapitel.
Von deren Besitzungen.

Art. 10. Die spanischen Besitzungen in der Halbinsel und den benachbarten Inseln, begreifen in sich, Arragon, Asturien, Alt= und Neu=Castillen, Catalunien, Cordua, Extremadura, Galizien, Granada, Jaen, Leon, Molina,

Murcia, Navarra, die biscayischen Provinzen, Sevilina und Valencia, die Balearischen und Canarischen Inseln, nebst den übrigen Besitzungen in Afrika. In Nordamerika, Neu-Spanien, mit Neu-Gallizien, nebst der Halbinsel von Jucatan, Guatamala, die innern Provinzen des Orients, die inneren Provinzen des Occidents, die Insel Cuba mit den beyden Floriden, den spanischen Antheil von Santo Domingo und die Insel Portorico, mit allen denen, welche an den Kontinenten beyder Meere gränzen. Im mittäglichen Amerika, Neu-Granada, Venezuela, Peru, Chili, die Provinzen des Rio de la Plata und sämmtliche benachbarte Inseln des stillen und atlantischen Meeres. In Asien die Philipinischen Inseln mit dem dazu gehörigen Gebiet.

Art. 11. Von den spanischen Besitzungen wird man, vermöge eines konstitutionellen Gesetzes, eine zweckmäßigere Eintheilung treffen, sobald die politischen Verhältnisse der Nation es erlauben.

Zweytes Kapitel.
Von der Religion.

Art. 12. Die Religion der spanischen Nation ist und soll beständig die römisch-katholisch-apostolische und einig wahrhafte seyn. Die Nation soll sie durch weise und gerechte Gesetze beschützen, und die Ausübung aller andern verbieten.

Drittes Kapitel.
Von der Regierung.

Art. 13. Der Zweck der Regierung ist die Glückseligkeit der Nation; indem das Ziel einer bürgerlichen Gesellschaft nur die Wohlfahrt jedes Einzelnen zum Grunde hat.

Art. 14. Die Regierung der spanischen Nation ist eine moderirte und erbliche Monarchie.

Art. 15. Die Gewalt, Gesetze zu machen, bestehet nur in den Kortes mit Beystimmung des Königs.

Art. 16. Die Gewalt, die Gesetze vollziehen zu lassen, verwaltet der König.

Art. 17. Die Gewalt, die Gesetze an den Civil- und kriminellen Prozessen anzuwenden, beruhet in den Tribunalen, welche durch das Gesetz errichtet sind.

Viertes Kapitel.
Von den spanischen Bürgern.

Art. 18. Diejenigen werden als spanische Bürger angesehen, welche von väterlicher und mütterlicher Seite ihren Ursprung, als Einwohner von einer oder andern Hemisphäre beweisen können, und in irgend einem Orte dieser Besitzungen ansäßig sind.

Art. 19. Auch derjenige wird als Bürger angesehen, welcher früherhin die Rechte eines Spaniers genoß, und zu diesem Behuf von den Kortes einen Specialbrief als spanischer Bürger erhalten würde.

Art. 20. Damit ein Fremder einen solchen Brief von den Kortes erlangen könne, muß er mit einer Spanierinn verheirathet seyn, nach Spanien irgend eine Erfindung oder nützliche Industrie eingebracht oder anwendbar gemacht haben; auch ein solches eignes Vermögen besitzen, welches ihn zu direkten Kontributionen verpflichtet. Desgleichen Derjenige, welcher sich mit einem eignen und hinlänglichen Kapital mit Uebereinstimmung der Kortes etablirte, und zum Besten, zur Vertheidigung der Nation ausgezeichnete Dienste geleistet hätte.

Art. 21. Auch Diejenigen sollen als Bürger betrachtet werden, welche gesetzmäßige Kinder von in Spanien angesessenen Fremden in Spanien geboren sind, und niemals, ohne Erlaubniß der Regierung, das Land verlassen haben. Auch ist es nöthig, daß dieselben im Alter von ein und zwanzig Jahren, in irgend einem Orte der spanischen Gerichtsbarkeit sich niedergelassen und daselbst ein Handwerk oder nützliches Geschäft getrieben.

Art. 22. Auch denen Spaniern, welche von irgend einer Linie afrikanischer Eingebornen herstammen, oder hergeleitet werden, stehet ebenfalls der Weg zur Tugend und der Gunst, Bürger zu werden, offen; daher bewilligen die Kortes denjenigen einen Bürgersbrief, welcher dem Vaterlande außerordentliche Dienste geleistet, oder welche sich durch besondre Talente, Betriebsamkeit und Aufführung ausgezeichnet haben möchten; jedoch unter der Bedingung, daß sie gesetzmäßige Kinder, von freyen Eltern geboren, mit freyen Weibern verheirathet und in den spanischen Besitzungen ansässig seyn müssen. Auch wird verlangt, daß sie irgend ein Handwerk oder nützliches Gewerbe, mit einem eignen Kapital versehen, treiben.

Art. 23. Nur diejenigen, welche Bürger sind, können Munizipal-Aemter bekleiden und Glieder dazu erwählen, in den von den Gesetzen bestimmten Fällen.

Art. 24. Der Spanier verliert sein Bürgerrecht —
1) wenn er in einem fremden Lande ansässig wird;
2) wenn er in fremde Dienste tritt;
3) wenn gegen ihn ein Urtheil gesprochen worden, welches infamirt oder mit körperlicher Strafe belegt, ohne Ehrenerklärung erlangt zu haben;
4) wenn er fünf aufeinander folgende Jahre, ohne Kommission noch Erlaubniß der Regierung, von Spanien abwesend gewesen.

Art. 25. Die Ausübung der nämlichen Rechte hört auf:
1) vermöge gerichtlichen Verbots wegen physischer oder moralischer Mängel;
2) vermöge eines Bankerots oder Staatsschulden;
3) vermöge des Domestikenstandes;
4) für denjenigen, der weder ein Amt noch Handwerk besitzt, oder keinen bekannten Lebens-Unterhalt hat;

5) für denjenigen, der in einem Kriminalprozesse verwickelt ist. —

6) Vom Jahre 1830 an gerechnet ist es nöthig, daß diejenigen, welche neuerdings das Bürgerrecht erlangen wollen, lesen und schreiben können.

Art. 26. Blos in den beyden in den zuletzt angeführten Artikeln bezeichneten Fällen kann das Bürgerrecht verloren oder ausgesetzt werden; jedoch aus keinem andern Grunde.

Dritter Abschnitt.
Von den Kortes.

Erstes Kapitel.
Wie sich die Kortes bilden sollen.

Art. 27. Die Kortes bestehen aus der Vereinigung aller Deputirten, welche die Nation vorstellen, und von den Bürgern, auf die Art, welche weiter unten auseinandergesetzt wird, ernannt werden.

Art. 28. Die Basis der National-Repräsentation ist in beyden Hemisphären gleich.

Art. 29. Diese Basis ist die Bevölkerung von den Eingebornen beyder Linien zusammengesetzt, weche von den spanischen Besitzungen abstammen, und von denjenigen, welche von den Kortes Bürgerbriefe erhalten, wie auch solchen, welche in dem Artikel 21 begriffen sind.

Art. 30. Zur Berechnung der Bevölkerung der europäischen Besitzungen wird die letzte Zählung des Jahrs 1797 dienen, bis eine neue Statt finden kann; eine andere soll in Hinsicht der auswärtigen Besitzungen gemacht werden, und einstweilen mögen die authentischsten Zählungen, die zuletzt Statt gefunden, dienen.

Art. 31. Für jede Siebzigtausend Seelen von Bevölkerung, welche im Artikel 29 näher angegeben worden, wird ein Deputirter für die Kortes ernannt.

Art. 32. Nachdem die Bevölkerung nach den Provinzen vertheilt, und in einer derselben ein Uebermaß von Fünf und Dreyßigtausend Seelen Statt fände, wird dafür ein Deputirter ernannt, als wenn die Zahl bis zu Siebzigtausend sich erstreckte; aber wenn der Ueberschuß nicht Fünf und Dreyßigtausend beliefe, so soll solches unterbleiben.

Art. 33. Wenn es irgend eine Provinz gäbe, deren Bevölkerung sich nicht an Siebzigtausend Seelen erstreckte, jedoch nicht weniger wie Sechzigtausend betrüge, soll sie einen Deputirten für sich erwählen; im Fall solche aber unter letzterer Zahl wäre, so wird sie sich an die nächste Provinz anschließen, um die nöthigen Siebzigtausend vollzählig zu machen; von dieser Regel aber macht die Insel Santo-Domingo eine Ausnahme, indem sie einen Deputirten erwählt, es sey ihre Bevölkerung, welche sie wolle.

Zweytes Kapitel.
Die Ernennung der Deputirten bey den Kortes.

Art. 34. Zur Wahl der Deputirten in den Kortes sollen Wahlversammlungen der Kirchspiele, Distrikte und der Provinz Statt finden.

Drittes Kapitel.
Von den Wahlversammlungen des Kirchspiels.

Art. 35. Die Wahlversammlungen des Kirchspiels sollen aus den ansäßigen Bürgern und denen, welche in dem Bezirke des Kirchspiels wohnen, bestehen: unter diesen begreifen sich die weltlichen Geistlichen.

Art. 36. Die Versammlungen sollen in der Halbinsel und den anliegenden Inseln und Besitzungen den ersten Sonntag im Monat Oktober, ein Jahr vor der Eröffnung der Kortes gehalten werden.

Art. 37. Die der Provinzen jenseits des Meeres sollen den ersten Sonntag im Monat Dezember, funfzehn Monate

Monate vor der Eröffnung der Kortes Statt haben, zu Folge des Berichts, welchen die Gerichtsbarkeiten vorab für eine und die andere zu geben haben.

Art. 38. In den Kirchspiels-Versammlungen wird von je Zweyhundert Einwohner Ein Kirchspiels-Erwähler ernannt.

Art. 39. Wenn die Zahl der Bewohner des Kirchspiels Dreyhundert überstiege, ohne jedoch zu Vierhundert zu gelangen, so sollen zwey Erwähler ernannt werden; beliefe sie sich aber auf mehr denn Fünfhundert, ohne Sechshundert zu erreichen, so sollen derer drey ernannt werden; und so im Verhältniß weiter.

Art. 40. In den Kirchspielen, deren Einwohnerzahl nicht Zweyhundert betrüge, dennoch Hundert und Funfzig ausmachte, soll schon Ein Erwähler ernannt werden, und in denjenigen, wo sie sich nicht so hoch beläuft, sollen sich die Bewohner denen des nächsten Kirchspiels anschließen, um verhältnißmäßig einen oder mehrere Erwähler zu ernennen.

Art. 41. Die Kirchspiels-Versammlung soll nach Mehrheit der Stimmen eilf Schiedsrichter erwählen, damit diese die Wahl bestimmen.

Art. 42. Im Fall die Kirchspiels-Versammlung zwey Erwähler zu ernennen hätte, so sollen ein und zwanzig Schiedsrichter erwählt werden, und wenn drey, ein und dreyßig, so daß die Zahl der Schiedsrichter niemals überschritten werden könne, um Verwirrung zu vermeiden.

Art. 43. Um den Bewohnern kleiner Orte es bequem zu machen, soll ein solches Kirchspiel, wenn es aus zwanzig Bewohnern bestehet, einen Schiedsrichter erwählen; diejenigen, welche von dreyßig bis vierzig zählen, erwählen zwey; jene von funfzig bis sechzig, drey; und so im Verfolg. Solche Kirchspiele, welche weniger denn zwanzig Einwohner haben, schließen sich an die nächsten an, um Schiedsrichter zu erwählen.

Art. 44. Die Schiedsrichter, welche von den Bewohnern kleiner Kirchspiele erwählt sind, vereinigen sich in dem schicklichsten Orte, und wenn sich ihre Zahl auf eilf oder wenigstens neun beläuft, so ernennen sie einen Kirchspiels-Erwähler; beläuft sie sich auf ein und zwanzig oder wenigstens siebzehn, so werden deren zwey ernannt; sind deren ein und dreyßig, oder es kämen nur ein und zwanzig zusammen, so ernennen sie drey, oder nach Verhältniß.

Art. 45. Um zu dieser Kirchspielswahl fähig zu werden, ist es nöthig Bürger zu seyn, ein Alter von mehr denn fünfund zwanzig Jahren zu haben; auch Einwohner und ansäßig im Kirchspiele zu seyn.

Art. 46. In Kirchspiels-Versammlungen präsidirt der Civil-Gouverneur (Gefe politico) oder der Alkalde der Stadt, des Fleckens oder Dorfs, wo sie zusammen kommen sollen, in Begleitung des Kirchspiels-Pfarrers, um der Handlung mehr Feyerlichkeit zu geben. Und wenn in ein und dem nämlichen Orte, nach der Zahl der Kirchspiele, zwey oder mehrere Versammlungen Statt fänden, würde bey der einen der Civil-Gouverneur oder Alkalde präsidiren, bey der andern ein zweyter Alkalde; und die Regidoren, nach Bestimmung des Looses.

Art. 47. Wenn die Stunde der Vereinigung, die in den Consistorialhäusern oder an dem Orte, der dazu durch die Gewohnheit bestimmt da ist, und die Bürger, welche sich dabey einzufinden haben, versammelt sind, so verfügen sie sich mit ihren Präsidenten nach der Kirche, und in derselben wird der Pfarrer eine feyerliche Messe dem heiligen Geiste lesen, und eine den Umständen angemessene Rede halten.

Art. 48. Wenn die Messe beendigt ist, begeben sie sich nach dem Orte zurück, von wo sie ausgegangen; und an demselben nimmt dann die Versammlung ihren Anfang. Es werden zwey Wahl-Ausschußherren (escrutadores) und ein

Schreiber, unter den gegenwärtigen Bürgern gewählt, alles dieses bey offenen Thüren.

Art. 49. Im Verfolg fragt der Präsident, ob ein Bürger irgend eine Klage, welche auf Erkaufung oder Bestechung Bezug hat, gegen die Wahl der ernannten Person anzubringen habe; und wenn dieß der Fall wäre, so müßte der Angeklagte auf der Stelle eine öffentliche und wörtliche Rechtfertigung von sich geben; und ist die Anklage gegründet, so werden diejenigen, die solche Verbrechen begangen, ihrer aktiven und passiven Stimme beraubt. Die Verläumder erleiden die nämliche Strafe; und nach diesem Ausspruche wird ferner keine Appellation angenommen.

Art. 50. Wenn Zweifel entstehen sollten, ob in irgend Jemanden von den Anwesenden diejenigen Eigenschaften Statt fänden, welche erfordert werden, um zu votiren; so soll die Versammlung sogleich nach ihrem Gutdünken entscheiden; und was sie entscheiden möchte, wird, für diesmal ohne weiteres, jedoch nur zu diesem einzigem Zwecke, in Erfüllung gebracht.

Art. 51. Alsdann schreitet man sogleich zur Ernennung der Schiedsrichter. Zu diesem Behufe zeichnet ein jeder Bürger eine gleiche Anzahl von Personen als die der Schiedsrichter auf; indem er sich dem Tische nähert, wo sich der Präsident, Wahl-Ausschußherren und der Schreiber befinden. — Letzterer trägt sie in ihrer Gegenwart in einer Liste ein. In dieser, wie auch den übrigen Wahlverhandlungen, darf Niemand für sich selbst votiren, unter der Strafe des Verlustes des Wahlrechts. —

Art. 52. Nachdem dieser Akt beendigt, werden die Listen durch den Präsidenten, die Wahl-Ausschußherren und den Schreiber geprüft; und Letztbenannter zeigt mit lauter Stimme die Namen derjenigen Bürger an, welche durch Mehrheit der Stimmen zu Schiedsrichtern ernannt worden.

Art. 53. Die ernannten Schiedsrichter ziehen sich, bevor die Versammlung sich schließt, nach einem dazu bestimmten Platze zurück; und indem sie unter sich berathschlagen, schreiten sie zur Ernennung der oder des Erwählers des Kirchspiels; und diejenige Person oder Personen, welche mehr als die Hälfte der Stimmen davon tragen, werden als erwählt anerkannt. Darauf wird in der Versammlung die Ernennung publizirt.

Art. 54. Der Schreiber fertigt die Akte aus, und solche wird durch ihn, den Präsidenten und Schiedsrichtern unterzeichnet. An die erwählte Person oder Personen wird eine unterschriebene Copie überreicht, um ihre Ernennung zu bestätigen.

Art. 55. Kein Bürger soll, unter irgend einem Vorwande oder Grunde, sich von diesem Geschäfte ausschließen können.

Art. 56. In der Kirchspiel-Versammlung darf keiner bewaffnet erscheinen.

Art. 57. Nachdem die Ernennung der Erwähler vollzogen, geht die Versammlung sogleich auseinander; und sollte sie sich in irgend einen andern Akt mischen wollen, so soll solcher als nichtig angesehen werden.

Art. 58. Die Bürger, welche die Versammlung ausmachten, begeben sich nach der Kirche zurück, wo ein feyerliches Te Deum abgesungen werden soll; der oder die Erwähler nehmen ihre Stelle zwischen den Präsidenten, Wahl-Ausschußherren und Schreiber ein.

Viertes Kapitel.
Von den Wahlversammlungen der Distrikte.

Art. 59. Die Wahlversammlungen der Distrikte sollen aus den Kirchspiels-Erwählern bestehen, und ihre Zusammenkünfte in dem Hauptorte jedes Distrikts Statt finden, damit sie daselbst einen oder mehrere Erwähler ernennen, die sich nach dem Hauptorte der Provinz verfügen, um daselbst zur Wahl der Deputirten für die Kortes zu schreiten.

Art. 60. Diese Versammlungen sollen stets in der Halbinsel und übrigen benachbarten Inseln und Besitzungen, den ersten Sonntag im Monat November, ein Jahr vor der Eröffnung der Kortes, Statt finden.

Art. 61. In den Provinzen jenseits des Meeres sollen solche den ersten Sonntag im nächsten Januar=Monate, der auf den Dezember folgt, in welchem die Kirchspiels=Versammlungen Statt gefunden, gehalten werden.

Art. 62. Um die Zahl der Erwähler jedes Distrikts zu erfahren, werden folgende Regeln zum Leitfaden dienen.

Art. 63. Die Zahl der Erwähler des Distrikts muß sich dreymal zu der verhalten, welche als Deputirte ernannt werden sollen.

Art. 64. Im Fall die Anzahl der Distrikte der Provinz größer wäre, als die der Erwähler, dem vorhergehenden Artikel gemäß, zur Ernennung der respektiven Deputirten erfordert werden, so soll demungeachtet ein Erwähler für jeden Distrikt ernannt werden.

Art. 65. Wenn die Zahl der Distrikte weniger, als die der Erwähler, welche zu ernennen sind, wäre, so erwählt jeder Distrikt ein, zwey oder mehrere, bis zur Vollzähligmachung; sollte aber noch ein Erwähler fehlen, so wird er durch den Distrikt der größten Bevölkerung ernannt; sollte demnach noch Einer fehlen, so soll er durch den Distrikt zweyter Größe ernannt werden, u. s. w.

Art. 66. Zufolge den 31. 32. 33. und drey vorgehenden Artikeln bestimmt die Zählung, wie viel Deputirte einer jeden Provinz zukommen, und wie viel Erwähler für jeden ihrer Distrikte.

Art. 67. Die Wahlversammlungen der Distrikte sollen von dem Civil=Gouverneur oder dem ersten Alcalde des Hauptortes vorgestanden werden. Einem oder Anderm überreichen die Kirchspiels=Erwähler das Dokument, welches ihre Wahl bekräftigt, damit ihre Namen in dem Buche, in welchem die Akten der Versammlungen einzutragen sind, eingeschrieben werden.

Art. 68. An dem bestimmten Tage vereinigen sich die Kirchspiels-Erwähler mit dem Präsidenten, bey offenen Thüren, in den Konsistorial-Sälen, und schreiten sodann unter sich zur Ernennung eines Schreibers und zweyer Wahl-Ausschußherren.

Art. 69. In Verfolg zeigen die Erwähler die Beglaubigungsschreiben ihrer Ernennung vor, damit solche von dem Schreiber und Wahl-Ausschußherren untersucht werden: Diese müssen den nächsten Tag Bericht abstatten, ob sie sich in gehöriger Form befinden. Die Certifikate des Schreibers und zweyer Wahl-Ausschußherren werden von drey Mitgliedern, die als Kommission dazu ernannt, geprüft, damit auch sie folgenden Tages darüber Bericht abstatte.

Art. 70. An diesem Tage, wenn die Kirchspiels-Erwähler versammelt sind, werden die Berichte, die Certifikate betreffend, verlesen; und sollte sich bey irgend einem etwas zu erinnern finden, oder den Erwählern irgend eine erforderliche Eigenschaft fehlen, so entscheidet die Versammlung schließlich bestimmt darin nach ihrem Gutdünken, und was sie beschlösse, wird ohne weiteres in Ausübung gebracht.

Art. 71. Nachdem dieser Akt beendigt, verfügen sich die Kirchspiels-Erwähler mit ihren Präsidenten nach der Hauptkirche, wo dem Heiligen Geiste eine feyerliche Messe durch den angesehensten Geistlichen gelesen und eine den Umständen angemessene Rede gehalten werden wird.

Art. 72. Nach dieser religiösen Handlung verfügt man sich nach den Konsistorialhäusern zurück, wo die Erwähler ohne Unterschied Platz nehmen. Der Schreiber liest dieses Kapitel der Konstitution vor, und darauf macht der Präsident die nämliche Frage, welche der 49ste Artikel enthält, und wird alles, was darin vorgeschrieben wird, erfüllt.

Art. 73. Gleich darauf schreitet man zur Ernennung des oder der Erwähler des Distrikts; sie werden einer nach dem andern erwählt, und zwar durch geheime Stimmensammlung; diese wird durch Zetteln veranstaltet, worauf der Name der Person, die man wählet, geschrieben ist.

Art. 74. Nach Beendigung der Votirung wird durch den Präsidenten, Schreiber und Wahl=Ausschußherren die Regulirung der Stimmen bewerkstelligt; und derjenige wird als erwählt angesehen, der nur eine Stimme mehr als die Hälfte aller hat. Jedesmalige Wahl wird durch den Präsidenten bekannt gemacht. Wenn keiner die bestimmte Mehrheit der Stimmen erlangt hätte, werden diejenigen Beyden, welche die größte Anzahl der Stimmen davon getragen, zum zweytenmal dem Ausschusse übergeben, und wird solcher als erwählt anerkannt, welcher die Mehrzahl der Stimmen erhalten. Im zweyten ähnlichen Falle entscheidet das Loos.

Art. 75. Um Distrikts=Erwähler zu seyn, muß man Bürger in freyer Ausübung seiner Rechte, älter wie fünf und zwanzig Jahre, Bewohner und ansässig im Distrikte seyn; weltlich oder weltgeistlich macht hierin keinen Unterschied, indem die Wahl auf solche Bürger fallen kann, welche die Versammlung ausmachen oder nicht dazu gehören.

Art. 75. Der Schreiber fertigt die Akte aus, und wird solche durch ihn, den Präsidenten und Wahl=Ausschußherren unterzeichnet. Den Erwählten wird eine von ihnen unterschriebene Abschrift eingehändigt, um die Ernennung zu bekräftigen. Der Präsident schickt eine andere von ihm und dem Schreiber unterzeichnete Copie an den Präsidenten der Versammlung der Provinz, wo die Wahl durch die öffentlichen Papiere bekannt gemacht wird.

Art. 77. In den Wahlversammlungen der Distrikte wird eben das nämliche beobachtet, was zu den Wahlversammlungen der Kirchspiele in den Artikeln 55 bis 58, anberaumt ist.

Fünftes Kapitel.
Von den Wahlversammlungen der Provinzen.

Art. 78. Die Wahlversammlungen der Provinzen werden aus den Erwählern aller der dazu gehörigen Distrikte bestehen. Sie werden sich in dem Hauptorte vereinigen, um die Deputirten zu ernennen, welche die Provinz berechtigt ist, für die Kortes, als Volksrepräsentanten, zu bestimmen.

Art. 79. Diese Versammlungen sollen in der Halbinsel und benachbarten Inseln stets den ersten Sonntag im Monat Dezember, ein Jahr vor der Eröffnung der Kortes, gehalten werden.

Art. 80. In den Provinzen jenseit des Meers, werden sie den zweyten Sonntag im Monat März desselben Jahres, wo die Distriktsversammlungen gehalten werden, Statt finden.

Art. 81. Diese Versammlungen werden von dem Civil-Gouverneur des Hauptortes der Provinz präsidirt. Die Distrikts-Erwähler müssen ihm ihre Wahl-Akte vorzeigen, damit ihre Namen in dem Buche, wo die Akten der Versammlung einzuschreiben sind, eingetragen werden können.

Art. 82. An dem bestimmten Tage versammeln sich die Erwähler des Distrikts in Gemeinschaft des Präsidenten in den Konsistorialhäusern oder solchem Gebäude, welches für eine so feyerliche Handlung am schicklichsten gehalten werden wird, und zwar bey offenen Thüren. Der Anfang wird gemacht, einen Schreiber durch Mehrheit der Stimmen zu ernennen, und aus den Erwählern werden zwey Wahl-Ausschußherren genommen.

Art. 83. Wenn auf eine Provinz nicht mehr wie ein Deputirter fiele, so müssen zu dessen Ernennung wenigstens fünf Erwähler vorhanden seyn. Diese Anzahl wird nach den vorhandnen Distrikten vertheilt, oder solche Distrikte zu diesem einzigen Endzweck formirt.

Art. 84. Die vier Kapitel der Konstitution, welche über die Wahlen handeln, werden verlesen. Nachdem liest man die Beglaubigungsschreiben der Wahlverhandlungen, welche in den Hauptörtern der Distrikte ausgefertigt und durch die respektiven Präsidenten eingesandt worden. Zu gleicher Zeit zeigen die Erwähler die Certifikate ihrer Ernennung vor, damit solche durch den Schreiber und Wahl-Ausschußherren untersucht werden; nächstfolgenden Tages müssen Letztere über deren Gültigkeit Bericht abstatten. Die Certifikate des Schreibers und der Wahl-Ausschußherren werden von einer dazu bestimmten Kommission, die aus drey Mitgliedern der Versammlung bestehet, geprüft, damit auch sie den nächsten Tag darüber informire.

Art. 85. Wenn die Distrikts-Erwähler sodann versammelt sind, so werden die Berichte über jene Certifikate verlesen, und wenn bey irgend einem etwas auszusetzen wäre, oder den Erwählern eine der erforderlichen Eigenschaften fehlte, so wird die Versammlung darüber bestimmten und sofort nach Gutdünken entscheiden; und deren Entschließung ohne weiteres in Erfüllung gebracht.

Art. 86. In Verfolg begeben sich die Erwähler der Distrikte mit ihrem Präsidenten nach der Kathedral- oder Hauptkirche, wo dem heiligen Geiste eine feyerliche Messe, durch den Bischof, oder in dessen Ermanglung, durch den angesehensten Geistlichen gelesen wird, begleitet von einer den Umständen angemessenen Rede.

Art. 87. Nach Beendigung dieser religiösen Handlung kehren sie nach dem Orte, von wo sie ausgegangen, zurück, und bey offnen Thoren, nachdem die Erwähler ohne Unterschied Platz genommen, thut der Präsident die nämliche Frage, welche in dem 49sten Artikel enthalten, und wird übrigens alles nach Vorschrift dabey beobachtet.

Art. 88. Die gegenwärtigen Erwähler schreiten sodann zur Wahl eines oder mehrerer Deputirten; sie werden nach einander erwählt, indem sie sich dem Tische nähern, wo der Präsident, die Wahl-Ausschußherren und Schreiber sitzen, und Letzterer trägt in seiner Gegenwart die Namen der Person, welcher ein Jeder votirt, in einer dazu gehörigen Liste ein. Der Schreiber und die Wahl-Ausschußherren votiren zuerst.

Art. 89. Nachdem die Stimmensammlung beendigt, machen der Präsident, Wahl-Ausschußherren und Schreiber, die Regulirung der Stimmen; und wird derjenige als erwählt angesehen, welcher eine Stimme mehr als die Hälfte Aller erlangt. Wenn keiner die bestimmte Mehrheit der Stimmen erhalten hätte, werden diejenigen Beyden, welche die größte Anzahl der Stimmen davon getragen, zum zweytenmal dem Ausschuffe übergeben, und wird solcher als erwählt anerkannt, welcher die Mehrzahl der Stimmen erhalten. Im wiederholten Falle entscheidet das Loos, und nachdem die Wahl von jedem vollzogen, macht sie der Präsident bekannt.

Art. 90. Nachdem die Wahl der Deputirten vollzogen, so schreitet man zu der des Supleanten nach der nämlichen Art und Weise, und deren Anzahl soll für jede Provinz der dritte Theil der Deputirten, welche ihr zukommen, ausmachen. Im Fall es irgend einer Provinz nicht zukäme, mehr als einen oder zwey Deputirten zu erwählen, so soll man demungeachtet einen Deputirten als Supleant ernennen. Dieser nimmt seine Stelle in den Kortes ein; wenn der Tod des Deputirten Statt fände, oder nach Entscheidung der Kortes der Letztere für untüchtig erklärt werde: und wird er sogleich diesen Platz einnehmen, wenn sich einer oder der andre Vorfall, nach der geschehenen Wahl, einstellt.

Art. 91. Um Deputirter bey den Kortes zu seyn, ist es erforderlich spanischer Bürger, in Ausübung seiner Rechte, älter wie fünf und zwanzig Jahre, in der Provinz geboren, oder wenigstens sieben Jahre in derselben ansäßig zu seyn. Weltlich oder weltgeistlich macht hier keinen Unterschied; indem die Wahl auf solche Bürger fallen kann, welche die Versammlung ausmachen oder nicht dazu gehören.

Art. 92. Außerdem ist dazu erforderlich, daß der erwählte Deputirte bey den Kortes verhältnißmäßige jährliche Einkünfte besitze, die von eignem Vermögen herstammen.

Art. 93. Die Beobachtung des vorgehenden Artikels soll so lange verschoben werden, bis daß diejenigen Kortes, welche späterhin ernannt werden möchten, Aussage thun, daß der Zeitpunkt herangenahet ist, wo besagter Artikel in Kraft käme; zu welchem Ende der Betrag der Einkünfte und die Beschaffenheit der Güter, worauf sie beruhen, näher bestimmt werden sollen; und was sie alsdann entscheiden, soll als gesetzmäßig und als wenn es schon hier festgesetzt, angesehen werden.

Art. 94. Wenn der Fall eintritt, daß eine und die nämliche Person von der Provinz seiner Geburt, und zugleich von der, worin er ansäßig ist, erwählt werden möchte, soll die Wahl der Letzteren den Vorzug haben; und für die Provinz seiner Geburt tritt der respektive Supleant in die Kortes ein.

Art. 95. Die Staatssekretäre, Staatsräthe und solche, die Aemter am Hofe bekleiden, können nicht als Deputirte bey den Kortes erwählt werden.

Art. 96. Eben so wenig kann kein Fremder als Deputirter für die Kortes erwählt werden, obgleich er von denselben einen Bürgerbrief empfangen.

Art. 97. Kein öffentlicher Beamter der Regierung kann als Deputirter in den Kortes erscheinen, im Namen der Provinz, in welcher er sein Amt verwaltet.

Art. 98. Der Schreiber fertigt die Wahl-Akten aus, die ihm von dem Präsidenten und übrigen Erwählern, unterzeichnet werden.

Art. 99. In Verfolg müssen die Erwähler ohne Ausflucht, an allen und einen jeden der Deputirten unbeschränkte

Vollmacht, nach der unten vorgeschriebenen Form, ertheilen. Ein jeder Deputirte muß seine respektive Vollmacht erhalten, um in den Kortes erscheinen zu können.

Art. 100. Die Vollmachten sollen auf folgende Art verfaßt seyn.

„In der Stadt oder Flecken von . . . . . den . . . Tag des Monats, im Jahre . . . ., in den Sälen von . . . . . ., wo sich die Herrn . . . . (Hier setzt man die Namen des Präsidenten und der Erwähler der Distrikte, welche die Wahlversammlung der Provinz ausmachen) versammelt befanden, erklärten vor mir, dem Endesunterschriebenen Notarius und denen zu diesem Zweck herbeygerufenen Zeugen, daß man, zu Folge der politischen Konstitution der spanischen Monarchie, zur Ernennung des Kirchspiels und Distrikts-Erwähler, mit allen dazu gehörigen Feyerlichkeiten, so durch genannte Konstitution vorgeschrieben sind, verfahren habe, wie auch dieses aus den Original-Certifikaten erhellt; nachdem sich nun die vorbemeldeten Erwähler der Distrikte der Provinz von . . . ., am . . . . Tage des . . . . Monats, gegenwärtigen Jahrs vereinigt, um die Ernennung der Deputirten, die im Namen und statt dieser Provinz in den Kortes sitzen sollen, zu bewirken; wurden zu Deputirten derselben die Herren N. N. erwählt, wie solches aus der ausgefertigten und unterzeichneten Akte des N. N. hervorgehet; und dem zu Folge ihnen zusammen und einem jeden für sich selbst unbeschränkte Vollmacht gegeben, um die erhabenen Zwecke ihres Amtes zu besorgen und auszuführen, und damit sie in Gemeinschaft der übrigen Deputirten in den Kortes, als Repräsentanten der spanischen Nation, alles dasjenige beschließen und bewilligen können, was sie zum allgemeinen Wohl als dienlich erachten, und wozu sie die Konstitution berechtigt, ohne jedoch aus den Gränzen zu schreiten, welche dieselbe festgesetzt hat, noch ein Gesetz aufzuheben, zu verändern, oder irgend einen seiner Artikel, unter welchem Vorwande es seyn möge, umzustoßen; und daß die Vollmachtsertheiler für sich selbst verpflichten und im Namen aller Bewohner der Provinz, vermöge der Autorität, welche ihnen als ernannte Erwähler zu diesem Zwecke ertheilt sind, "als gültig zu beobachten, zu gehorchen und zu vollführen, alles was sie als Deputirte bey den Kortes veranstalten, und von diesen Letztern zu Folge der politischen Konstitution der spanischen Monarchie beschlossen würde. Auf diese Art bevollmächtigen und erklären sie in Gegenwart der Herren N. N., die als Zeugen in Gemeinschaft der Herren Vollmachtsertheiler es unterzeichnen: welches ich als Wahrheit erhärte."

Art. 101. Der Präsident, Wahl-Ausschußherren und Schreiber schicken sogleich eine von denselben unterzeichnete Abschrift von der Wahl-Akte an die permanente Deputation der Kortes; und besorgen die öffentliche Bekanntmachung der geschehenen Wahlen durch die Presse, um ein Exemplar jedem Orte der Provinz zuzusenden.

Art. 102. Zur Schadloshaltung der Deputirten werden sie von ihren respektiven Provinzen mit Diäten unterstützt, welche die Kortes im zweyten Jahre von jeder Haupt-Deputation für die Deputirten, die ihnen folgen, bestimmen werden. — Denen Deputirten der andern Hemisphären wird man überdieß vergüten, was man, nach dem Urtheile ihrer respektiven Provinzen, als Unkosten der Hin- und Herreise für billig halten würde.

Art. 103. In den Wahlversammlungen der Provinzen soll alles dasjenige befolgt werden, welches in den Artikeln 55 bis 58, mit Ausnahme des Artikels 328, enthalten ist.

Sechstes Kapitel.
Von der Celebration der Kortes.

Art. 104. Die Kortes versammeln sich alle Jahre in der Hauptstadt des Königreichs, und zwar in einem Gebäude, welches nur zu diesem Endzweck dient.

Art. 105. Wenn sie es für zweckmäßig fänden, sich nach einem andern Orte zu begeben, so darf dieser jedoch nicht mehr wie zwölf Meilen von der Hauptstadt entfernt seyn; auch ist es nöthig, daß zur Ortsveränderung zwey Drittheile der Deputirten gegenwärtig seyn.

Art. 106. Die Sitzungen der Kortes dauern jedes Jahr drey auf einander folgende Monate, wovon der erste Tag des Monats März den Anfang macht.

Art. 107. Die Kortes können nur in zwey Fällen ihre Sitzungen höchstens um einen Monat verlängern: 1) auf Verlangen des Königs, 2) wenn die Kortes es vermöge eines Entschlusses von zwey Drittheilen der Deputirten für nöthig erachten möchten.

Art. 108. Die Deputirten werden insgesammt alle zwey Jahre erneuert.

Art. 109. Im Fall von Kriege oder feindlicher Besitznahme eines Theiles der Monarchie, die ein oder mehrere Deputirten von einer oder mehreren Provinzen verhindern möchten, sich zur Zeit einzufinden, so sollen solche vakante Stellen von den vorigen Deputirten der respektiven Provinzen bekleidet werden, indem sie unter sich loosen, bis die gehörige Zahl voll ist.

Art. 110. Die Deputirten können nicht aufs neue erwählt werden, es sey denn nach einer zweyten Versammlung.

Art. 111. Bey Ankunft der Deputirten in der Hauptstadt haben sie sich der permanenten Deputation der Kortes vorzustellen, welche von ihren Namen Notiz nimmt, sowie von dem Namen der Provinz, welche sie erwählt hat; welches in dem Register der Kanzley der Kortes eingetragen wird.

Art. 112. Im Jahre, wo die Deputirten erneuert werden, findet den 15. Februar, bey offenen Thüren, die erste Vorbereitungs-Versammlung Statt, wo als Präsident derjenige den Vorsitz führen wird, welcher es von der permanenten Deputation ist; die Schreiber und Wahl-Ausschußherren sollen aus der Mitte der übrigen Individuen, von derselben Deputation, ernannt werden.

Art. 113. In dieser ersten Versammlung werden alle Deputirten ihre Vollmachten aufweisen, und nach Mehrheit der Stimmen werden zwey Kommissionen ernannt, eine von fünf Mitgliedern, welche die Vollmachten aller Deputirten untersuche, und eine andere von dreyen, um die der fünf vorgenannten zu prüfen.

Art. 114. Den 20sten des nämlichen Februars soll, ebenfalls bey offenen Thüren, die zweyte Vorbereitungs-Versammlung Statt finden. In dieser geben die beyden Kommissionen über die Gesetzmäßigkeit der Vollmachten Bericht, indem sie zu diesem Behufe die Abschriften der Provinzial-Wahl-Akten untersucht haben.

Art. 115. In dieser Versammlung und den übrigen, die bis zum 25sten für nöthig erachtet werden möchten, sollen schließlich und nach Mehrheit der Stimmen die Zweifel über die Gesetzmäßigkeit der Vollmachten und die Eigenschaften der Deputirten entschieden werden.

Art. 116. Ein Jahr, nachdem die Deputirten erneuert worden, wird die erste Vorbereitungs-Versammlung den 20. Februar gehalten; und diejenigen sollen bis zum 25sten desselben Statt finden, welche für nöthig erachtet werden möchten, um, nach der in den drey vorgehenden Artikeln vorgeschriebenen Art und Weise, über die Gesetzmäßigkeit der

Vollmachten der neu zusammengekommenen Deputirten zu entscheiden.

Art. 117. Den 25. Februar eines jeden Jahres soll die letzte Vorbereitungs-Versammlung Statt finden. In dieser wird ein jeder Deputirter, indem er die Hand auf das heilige Evangelium legt, folgenden Schwur leisten: Schwöret Ihr, die römisch-katholisch-apostolische Religion zu vertheidigen und zu beschützen, und keine andere im Königreich zu dulden?.. Antw. Ich schwöre.... Schwöret Ihr, die politische Konstitution der spanischen Monarchie, welche von den General- und außerordentlichen Kortes im Jahr 1812 sanktionirt worden, zu beobachten und ausüben zu lassen?.. Antw. Ich schwöre... Schwöret Ihr, Euch treu und vollkommen des Auftrags, den Ihr von der Nation bekommen, zu entledigen, und in allem für das Heil und Glückseligkeit derselben zu sorgen?... Antw. Ich schwöre. — Wenn Ihr so verfahrt, möge es Euch Gott lohnen, und wenn nicht, so fordere Er Euch Rechnung ab.

Art. 118. Im Verfolg wird aus der Mitte der Deputirten, vermöge einer geheimen Stimmensammlung und nach voller Mehrheit der Stimmen, ein Präsident, ein Vicepräsident und vier Sekretaire erwählt; und auf diese Weise werden die Kortes für förmlich installirt betrachtet, und die Verwaltung der permanenten Deputation hört sodann auf.

Art. 119. Denselben Tag wird eine Deputation von fünf und zwanzig Individuen ernannt, um, in Gemeinheit mit zwey der Sekretaire, dem Könige die Installation der Kortes und die Wahl ihres Präsidenten anzuzeigen, damit Er sich erkläre, ob er der Eröffnung der Kortes, die den 1. März Statt haben soll, beywohnen will.

Art. 120. Im Fall sich der König von der Hauptstadt abwesend befände, so wird es ihm schriftlich angezeigt, und der König antwortet auf die nämliche Art.

Art. 121.

Art. 121. Der König wohnt in Person der Eröffnung der Kortes bey, und im Fall Er darin gehindert würde, so geschieht diese an dem bestimmten Tage durch den Präsidenten, und kann kein Aufenthalt irgend einer Art dabey Statt haben. Die nämlichen Formalitäten sollen bey dem Schlusse der Kortes beobachtet werden.

Art. 122. Der König tritt in den Saal der Kortes, ohne Begleitung von Wache, und wird blos durch diejenigen Personen begleitet, welche das Ceremoniel zu seinem Empfang und beym Abschiede bestimmt, so wie es das Reglement der innern Einrichtung der Kortes vorschreibt.

Art. 123. Der König hält eine Rede, in welcher er den Kortes, was er für passend hält, mittheilt; welche durch den Präsidenten in allgemeinen Ausdrücken beantwortet wird. Wohnt der König der Versammlung nicht bey, so schickt er die Rede dem Präsidenten zu, welcher sie alsdann in den Kortes vorliest.

Art. 124. Die Kortes können in Gegenwart des Königs nicht deliberiren.

Art. 125. Im Fall die Staatssekretaire den Kortes, im Namen des Königs, irgend einen Vorschlag machen, so sollen sie den Diskussionen, wie und auf welche Art die Kortes bestimmen, beywohnen. Sie können dabey ihre Meinung äußern, dürfen jedoch nicht bey der Votation gegenwärtig seyn.

Art. 126. Die Verhandlungen der Kortes sollen öffentlich seyn; und nur im Fall von außerordentlichen Umständen dürfen geheime Sitzungen Statt finden.

Art. 127. In den Diskussionen der Kortes und bey allen demjenigen, was ihre Verwaltung und innere Einrichtung angehet, wird das Reglement beobachtet, welches durch den General- und außerordentlichen Kortes zu bestimmen ist; jedoch ohne Verletzung der Reformen, welche die nachfolgenden zu machen für gut halten möchten.

Art. 128. Die Deputirten sollen in ihrer Meinung unverletzbar seyn, und in keiner Zeit und Falle von irgend einer Autorität deshalb zur Rechenschaft gefordert werden können. In Kriminalfällen, welche gegen sie angebracht werden möchten, können sie nur durch das Tribunal der Kortes, auf die Art und nach der Form, welche in dem Reglement der inneren Verfassung derselben festgesetzt sind, gerichtet werden. Während der Sitzungen der Kortes und einen Monat darauf, können die Deputirten vor kein Civilgericht gefordert, noch wegen Schulden verfolgt werden.

Art. 129. Während der Zeit, wo sie als Deputirte sitzen, von dem Augenblick angenommen, wo ihre Ernennung bey der permanenten Deputation der Kortes geschehen, können sie weder für sich, noch für irgend jemand Andern, um kein vom Könige abhängendes Amt anhalten; eben so wenig um eine Beförderung, wenn solche nicht mit der Stufe ihrer respektiven Laufbahn übereinstimmt.

Art. 130. Eben so wenig können sie während der Zeit ihrer Sitzung und ein Jahr nach der letzten Ausübung ihrer Deputations-Verwaltung, weder für sich, noch für irgend jemanden, eine Pension noch Würden, so vom Könige abhangen, erlangen.

Siebentes Kapitel.
Von der Gewalt der Kortes.

Art. 131. Die Gewalt der Kortes bestehet in Folgendem:

1) Die Gesetze vorzuschlagen und zu dekretiren, sie auszulegen, und im nöthigen Falle zu widerrufen.
2) Den Eid des Königs, des Prinzen von Asturien und der Regenz, so wie dieses gehörigen Orts bestimmt, in Empfang zu nehmen.
3) Irgend einen Zweifel über Recht und That, in so fern dieß die Thronnachfolge betrifft, zu entscheiden. —

4) Die Regenz oder den Regenten des Königreichs, wie es durch die Konstitution festgesetzt ist, zu ernennen; die Gränzen zu bestimmen, nach welchen die königliche Gewalt durch die Regenz oder den Regenten, ausgeübt werden kann. —

5) Den Prinzen von Asturien öffentlich anzuerkennen.

6) Dem Könige einen Vormund zu ernennen, wenn es die Konstitution vorschreibt.

7) Vor der Ratifikation die offensiven Allianztraktaten gut zu heißen; auch findet dieses bey den Subsidien- und Commerz-Traktaten Statt.

8) Die Zulassung fremder Truppen im Königreiche zu bewilligen oder zu verweigern.

9) Die Schaffung und Abschaffung der Tribunal-Aemter, welche durch die Konstitution etablirt sind, zu dekretiren, wie auch die der öffentlichen Aemter.

10) Jedes Jahr soll auf Vorschlag des Königs die Land- und Seemacht bestimmt werden; mit Festsetzung des Friedensfußes und der Vermehrung in Kriegszeiten. —

11) Der Armee, Seemacht und Nationalmiliz, in allen Zweigen, woraus sie bestehen, Verordnungen zu geben. —

12) Die Ausgaben der öffentlichen Staatsverwaltung zu bestimmen.

13) Die jährlichen Kontributionen und Abgaben zu verordnen.

14) Summen aufzunehmen, oder im Fall von Noth auf den Kredit der Nation Staats-Anleihen zu machen.

15) Die Vertheilung der Kontributionen in den verschiedenen Provinzen gut zu heißen.

16) Die Rechnungen der Anwendung von öffentlichen Kapitalen zu untersuchen und zu approbiren.

17) Die Zollhäuser und die Tarife der Abgaben zu bestimmen.

18) Das Nöthige zur Verwaltung, Bewahrung und Veräußerung der Nationalgüter zu besorgen.
19) Den Werth, Gewicht, richtiges Gehalt, Schlag und Benennung der Münzen festzusetzen.
20) Das schicklichste Gewicht- und Maß-System anzunehmen.
21) Jede Gattung von Fleiß zu unterstützen und zu befördern, auch alle Hindernisse dagegen aus dem Wege zu räumen.
22) Einen Hauptplan zum öffentlichen Unterricht in dem ganzen Königreiche zu bilden, auch denjenigen, die Erziehung des Prinzen von Asturien betreffend, zu approbiren. —
23) Die allgemeinen Polizey- und Gesundheits-Verordnungen des Königreichs zu approbiren.
24) Die politische Preßfreyheit zu unterstützen. —
25) Die Verantwortlichkeit der Staatssekretäre und übrigen öffentlichen Beamten in Ausführung zu bringen.
26) Und schließlich kömmt es den Kortes zu, ihre Zustimmung in solchen Akten und Fällen, wie solches durch die Konstitution für zweckmäßig erkannt, zu geben oder zu versagen.

Achtes Kapitel.
Von der Verfassung der Gesetze und königlicher Sanktion derselben.

Art. 132. Ein jeder Deputirter hat das Recht, den Kortes Gesetzvorschläge zu machen, und zwar schriftlich, mit Auseinandersetzung seiner Gründe.

Art. 133. Wenigstens zwey Tage, nachdem der Gesetzvorschlag eingegeben und verlesen worden, soll er zum zweytenmal abgelesen werden; die Kortes kommen überein, ob die Diskussion Statt finden soll oder nicht. —

Art. 134. Wenn die Diskussion angenommen, und die Wichtigkeit des Gegenstandes durch die Kortes erachtet worden, deshalb eine besondere Kommission zu ernennen, so soll dieses sofort bewerkstelliget werden.

Art. 135. Wenigstens vier Tage, nachdem der Vorschlag zur Diskussion admittirt, wird er zum drittenmal verlesen; und kann alsdann der Tag zur Eröffnung der Diskussion angesetzt werden.

Art. 136. Am bezeichneten Tage der Diskussion soll diese den Vorschlag im Ganzen und in allen seinen Artikeln umfassen.

Art. 137. Die Kortes entscheiden, ob der Gegenstand hinlänglich diskutirt ist; und nach dieser Entscheidung wird man übereinkommen, ob die Votirung Statt finden soll.

Art. 138. Wenn die Votirung beschlossen ist, so schreitet man sogleich zu derselben, indem man den Vorschlag ganz oder zum Theil annimmt oder verwirft, oder ihn, nach den in der Diskussion gemachten Einwendungen, modifizirt oder abändert.

Art. 139. Die Votirung geschiehet nach völliger Mehrheit der Stimmen, und um zu derselben zu schreiten, wird erfordert, daß sich wenigstens die Hälfte und Einer mehr von der kompletten Anzahl der Deputirten, woraus die Kortes bestehen sollen, gegenwärtig befinden. —

Art. 140. Im Fall die Kortes einen Gesetzvorschlag verwürfen, wie weit auch die Untersuchung gediehen, oder wenn sie beschlossen hätten, daß keine Votirung Statt finden solle, kann solcher in dem laufenden Jahre nicht anhängig gemacht werden.

Art. 141. Wäre derselbe angenommen, so wird er in Duplicat und in gesetzlicher Form ausgefertigt, darauf in den Kortes verlesen. Wenn dieses geschehen, und beyde Originale durch den Präsidenten und zwey Sekretaire unter-

Art. 142. Dem Könige kömmt die Sanktion der Gesetze zu.

Art. 143. Der König giebt die Sanktion unter dieser Formel, durch ihn unterzeichnet: „Macht solches als Gesetz „bekannt."

Art. 144. Der König verweigert die Sanktion durch diese Formel, die er unterzeichnet: „Den Kortes zurück zu „schicken", indem er eine Auseinandersetzung der Gründe seiner Verweigerung hinzufügt.

Art. 145. Der König soll breyßig Tage Frist haben, um dieses Vorrecht zu üben. Wenn er innerhalb dieser Zeit die Sanktion weder gegeben noch verweigert hätte, so soll solche als gegeben angesehen und durch ihn wirklich ertheilt werden.

Art. 146. Hat der König die Sanktion bewilligt oder verweigert, so wird den Kortes eines von den beyden Originalen mit der respektiven Formel, um davon benachrichtigt zu seyn, zurück gesandt. Dieses Original wird im Archive der Kortes aufbewahrt. Das Duplicat bleibt hingegen in den Händen des Königs.

Art. 147. Wenn der König die Sanktion verweigert, so soll dieser Gegenstand in dem gegenwärtigen Jahre nicht wieder von den Kortes vorgebracht werden können. Dieses kann jedoch das nächstfolgende Jahr stattfinden.

Art. 148. Wenn der Vorschlag in dem folgenden Jahre den Kortes aufs neue gemacht würde, und zur Diskussion angenommen und approbirt worden, so kann der König, zur Zeit, wo es ihm zur Sanktion vorgelegt wird, und auf die in den Artikeln 43 und 44 beschriebene Art, sie zum zweytenmal verweigern; und in diesem letztern Fall wird im Laufe des Jahres der Gegenstand nicht weiter berührt.

Art. 149. Wenn in den Kortes des folgenden Jahrs der Vorschlag zum drittenmal wieder gemacht, admittirt und approbirt würde, dann verstehet es sich, daß der König die Sanktion gebe, und wenn er ihm vorgelegt wird, so muß er die Sanktion nach der in dem 143. Artikel angegebenen Formel ertheilen.

Art. 150. Im Fall vor dem Termin von dreyßig Tagen, welche dem Könige zur Bewilligung oder Versagung der Sanktion zugestanden, der Tag der Schließung der Kortes einträfe, so wird sie der König in den ersten acht Sessionen der nächsten Kortes ertheilen oder verweigern. Läßt er diesen Termin, ohne seinen Entschluß geäußert zu haben, verstreichen, so wird die Sanktion als gegeben angesehen, und unter der vorgeschriebenen Form soll er sie sofort ertheilen. Verweigert der König die Sanktion, so können die Kortes dennoch den Gegenstand in Erwähnung ziehen.

Art. 151. Wenn auch ein oder mehrere Jahre, nachdem der König die Sanktion eines Gesetzvorschlags versagt hat, vergingen, ohne daß es wieder in Anrede gekommen; es aber zur Zeit derselben Deputation, die es zum erstenmal angenommen, oder in den beyden Deputationen, die darauf folgen, von neuem in Erwähnung gebracht werden sollte, so soll der Vorschlag zur Sanktion des Königs im Sinne der drey vorhergehenden Artikel berechtigt seyn. Kömmt es aber während der drey genannten Deputationen nicht wieder in Anrede, so soll er selbst im Falle er nachher in denselben Terminen wieder vorgelegt würde, als ein neuer Vorschlag angesehen und so in dieser Hinsicht verfahren werden.

Art. 152. Wenn ein Vorschlag zum zweyten= oder drittenmal innerhalb des Termins, welcher durch den vorhergehenden Artikel festgesetzt ist, proponirt und durch die Kortes verworfen würde, so soll derselbe zu jeder Zeit späterhin als ein neuer Vorschlag angesehen werden.

Art. 153. Die Gesetze werden mit den nämlichen Formalitäten aufgehoben, wie sie publizirt werden.

Neuntes Kapitel.
Von der Bekanntmachung der Gesetze.

Art. 154. Nachdem das Gesetz von den Kortes publizirt worden, so macht man dem Könige davon Anzeige, um sofort zur feierlichen Bekanntmachung zu schreiten.

Art. 155. Der König bedient sich zur Bekanntmachung der Gesetze folgender Formel. „N. (der Name des Königs) durch die Gnade Gottes und die politische Konstitution der spanischen Monarchie, König aller Spanien, an alle diejenigen, welche Gegenwärtiges sehen und vernehmen werden: Es sey euch zu wissen, daß die Kortes Folgendes dekretirt, und Wir solches sanktionirt haben. (Der wörtliche Text des Gesetzes.) Demnach befehlen Wir allen Tribunalen, Gerichtsbarkeiten, Vorstehern, Gouverneuren und Andern, sowol bürgerlich als militär, und auch geistliche Autoritäten, von welcher Klasse und Würde sie auch seyn mögen, das gegenwärtige Gesetz in allen seinen Theilen zu erfüllen und auszuüben. Dieß wird euch zur Ausführung zu wissen gethan. Und veranstaltet den Druck, Bekanntmachung und Cirkulation desselben. (Das Dekret ergehet, an den respektiven Staatssekretär gerichtet.)

Art. 156. Alle Gesetze werden auf Befehl des Königs durch die respektiven Staatssekretaire, einem jeden und allen ersten und Provinz-Tribunalen, Vorstehern und ersten Autoritäten, um es ihren Untergeordneten mitzutheilen, bekannt gemacht.

Zehntes Kapitel.
Von der permanenten Deputation der Kortes.

Art. 157. Vor dem Auseinandergehen der Kortes wird eine Deputation bestimmt, welche die permanente Deputation der Kortes genannt wird. Sie besteht aus sieben ihrer Mitglieder, drey von den europäischen Provinzen, drey von denen jenseits des Meeres; und den siebenten entscheidet das Loos, ob es ein Europäer oder Amerikaner seyn soll.

Art. 158. Zu gleicher Zeit ernennen die Kortes für diese Deputation zwey Supleanten, wovon der eine ein Europäer, der andere ein Amerikaner ist.

Art. 159. Die permanente Deputation dauert von einer Sitzung der gewöhnlichen Kortes bis zu der nächsten.

Art. 160. Die Gewalt dieser Deputation bestehet in Folgendem:

1) Ueber die Beobachtung der Konstitution und der Gesetze zu wachen, um den folgenden Kortes von den Verletzungen, welche sie bemerkt, Bericht zu geben.
2) Die außerordentlichen Kortes zusammen zu berufen in den Fällen, wie solche durch die Konstitution bestimmt sind.
3) Die Funktionen zu verwalten, welche durch den 11. und 12. Artikel festgesetzt sind.
4) Die Supleanten der Deputirten zu benachrichtigen, wenn sie in die Stelle der Deputirten treten müssen; und wenn durch Sterben oder Untüchtigkeit die Deputirten und Supleanten einer Provinz mangelten, letzterer die nöthigen Befehle zu geben, um zu einer neuen Wahl zu schreiten.

Eilftes Kapitel.
Von den außerordentlichen Kortes.

Art. 161. Die außerordentlichen Kortes bestehen aus den nämlichen Deputirten, welche die gewöhnlichen während der zwey Jahre ihrer Deputation ausmachen.

Art. 162. Die permanente Deputation der Kortes beruft sie, mit Anzeige des dazu bestimmten Tages, in folgenden drey Fällen.

1) Bey Erledigung des Thrones.

2) Wenn der König auf irgend eine Art zur Regierung untauglich würde, oder die Krone zu Gunsten seines Nachfolgers ablegen wollte. Im ersten Falle ist die Deputation berechtigt, die füglichsten Maßregeln zu nehmen, um sich von dem wirklichen Zustande des Königs zu überzeugen.

3) Wenn in kritischen Vorfällen oder dringenden Geschäften der König die Zusammenberufung für zweckmäßig erachten möchte — zu welchem Ende er der permanenten Deputation der Kortes davon berichtet.

Art. 163. Die außerordentlichen Kortes dienen nur zu dem einzigen Zwecke, wozu sie zusammen berufen worden.

Art. 164. Die Sitzungen der außerordentlichen Kortes beginnen und schließen sich mit den nämlichen Formalitäten, wie die der gewöhnlichen.

Art. 165. Die Sitzung der außerordentlichen Kortes soll die Wahl der neuen Deputirten für die bestimmte Zeit nicht hemmen.

Art. 166. Wenn die außerordentlichen Kortes ihre Sitzungen an dem zur Vereinigung der gewöhnlichen bestimmten Tage nicht beschlossen hätten, so hört die Verwaltung der erstern auf, und die gewöhnlichen fahren in dem Geschäfte fort, wozu jene zusammen berufen waren.

Art. 167. Die permanente Deputation der Kortes fährt in der Verwaltung, die ihr in den Artikeln 111 und 112 angewiesen ist, fort, wenn der im vorhergehenden Artikel vorausgesehene Fall eintritt.

Vierter Abschnitt.
Vom Könige.
Erstes Kapitel.
Von der Unverletzbarkeit des Königs und seiner Autorität.

Art. 168. Die Person des Königs ist heilig, unverletzlich und keiner Verantwortlichkeit unterworfen.

Art. 169. Der König führt den Titel: Seine Katholische Majestät.

Art. 170. Die Gewalt, die Gesetze in Ausführung bringen zu lassen, ruhet ausschließlich in dem Könige, und seine Autorität erstreckt sich auf Alles, was zur Erhaltung der öffentlichen und innern Ruhe, so wie zur äußern Sicherheit des Staates, zu Folge der Konstitution und den Gesetzen, führet.

Art. 171. Außer dem Vorrechte, welches der König besitzt, die Gesetze zu sanktioniren und bekannt zu machen, gehören ihm noch folgende außerordentliche Gerechtsame:

1) Die Ausfertigung der Dekrete, Verordnungen und Instruktionen, welche Er zur Vollziehung der Gesetze als nöthig erachtet.
2) Dafür zu sorgen, daß im Königreiche eine schnelle und vollkommene Justiz ausgeübt werde.
3) Krieg zu erklären und Frieden zu machen und zu ratifiziren, nachdem Er den Kortes davon dokumentarische Rechnung abgelegt.
4) Auf Vorschlag des Staatsraths die Gerichts-Mitglieder aller Civil- und Kriminal-Tribunale zu ernennen.
5) Alle Civil- und Militär-Stellen zu vergeben.
6) Auf Gutmeinen des Staatsraths zu allen Bischofsthümern, so wie geistlichen Würden und Benefizen königlicher Pfründen vorzuschlagen.
7) Ehrenstellen und Würden aller Klassen, in Uebereinkunft der Gesetze, zu ertheilen.

8) Die Land- und Seemacht zu befehlen, und deren Generale zu ernennen.

9) Ueber die bewaffnete Macht zu disponiren, und sie auf das Vortheilhafteste zu vertheilen.

10) Die diplomatischen und Commerzial-Relationen mit den übrigen Höfen zu dirigiren; Gesandte, Minister und Konsuln zu ernennen.

11) Auf den Schlag der Münzen Acht zu haben, worauf sich sein Bild und Namen befinden soll.

12) Die Anwendung der für jedes Departement der öffentlichen Staatsverwaltung bestimmten Fonds festzusetzen.

13) Die Verbrecher, in Uebereinkunft der Gesetze, zu begnadigen.

14) Den Kortes solche Gesetze und Neuerungs-Vorschläge zu machen, welche Er zum Wohl der Nation zweckmäßig finden würde, damit sie nach vorgeschriebener Form darüber deliberiren.

15) Den Umlauf der Concilias, Dekrete und päpstlichen Bullen, mit Beystimmung der Kortes, wenn sie nur allgemeine Verfügungen enthalten, zu bewilligen oder zu verweigern, nachdem der Staatsrath sein Erachten darüber gegeben, in den Fällen, wo besagte Dekrete und Bullen auf besondere oder zur Regierung gehörige Angelegenheiten Bezug haben; sollten sie aber zweifelhafte Punkte enthalten, so gehört das Urtheil und Entscheidung dem ersten Justiz-Tribunal zu, damit dieses den Gesetzen gemäß darüber entschließe.

16) Die Staats-Sekretaire der verschiedenen Departemente zu ernennen und zu verabschieden.

Art. 172. Die Einschränkungen der königlichen Gewalt sind folgende:

1) Kann der König unter keinem Vorwande die Versammlung der Kortes, so wie sie durch die Konstitution für

die verschiedenen Zeiten und Fälle bestimmt ist, verhindern; sie weder aussetzen noch aufheben; noch auf irgend eine Art ihre Sitzungen und Berathschlagungen beunruhigen. Diejenigen, welche auf irgend eine Weise ihm zu dergleichen Vergehungen riethen oder Hülfe leisteten, sollen als Verräther erklärt, und als solche verfolgt werden.

2) Der König kann sich ohne Beystimmung der Kortes nicht aus dem Königreiche entfernen, und thäte er es, so verstehet es sich, als hätte er des Thrones entsagt.

3) Der König kann seine Gewalt noch irgend eines seiner Vorrechte jemand Andern veräußern, überlassen noch übertragen.

Wenn er aus irgend einem Grunde den Thron zu Gunsten des nächsten Nachfolgers abtreten wollte, so kann er es ohne Beystimmung der Kortes nicht thun.

4) Der König kann weder eine Provinz, noch Stadt Flecken, Dorf, oder irgend einen Ort der spanischen Besitzungen, so unbedeutend er auch sey, veräußern, überlassen noch abtreten.

5) Der König kann keinen Offensiv- noch Commerz-Traktat mit einer fremden Macht, ohne Beystimmung der Kortes, schließen.

6) Eben so wenig kann er sich durch keinen Traktat, ohne Beystimmung der Kortes, verpflichten, Subsidien einer fremden Macht zu zahlen.

7) Der König kann, ohne Beystimmung der Kortes, die Nationalgüter weder überlassen noch veräußern.

8) Der König kann für sich weder direkte noch indirekte Kontributionen auferlegen, noch Beysteuer, unter welchem Vorwande und zu welchem Zweck es auch sey, verlangen. Den Kortes kömmt es nur zu, solche zu dekretiren.

9) Der König kann Niemanden, noch irgend einer Gesellschaft ein ausschließliches Privilegium ertheilen.

10) Der König kann das Eigenthum Niemandes, noch das irgend einer Gesellschaft an sich nehmen, noch sie in dem Besitze, Genuß und Benutzung desselben stören. Jedoch in dem Fall, wo es zum Endzwecke eines erwiesen allgemeinen Vortheils nöthig seyn sollte, das Eigenthum irgend Eines zu nehmen, so kann es nicht geschehen, wenn der leidende Theil nicht zu gleicher Zeit entschädigt wird, und nach dem Ausspruche rechtlicher Männer ein Equivalent erhalte.

11) Der König kann für sich Niemanden seiner Freyheit berauben, noch irgend eine Strafe auferlegen. Derjenige Staatssekretär, welcher einen solchen Befehl unterzeichnen, und der Richter, welcher diesen befolgen wird, soll der Nation verantwortlich, und als Verbrecher eines Angriffes gegen die bürgerliche Freyheit bestraft werden.

Blos in dem Fall, wo das Wohl und die Sicherheit des Staates die Verhaftnehmung einer Person nöthig macht, soll der König dazu Befehl geben können, jedoch unter der Bedingung, daß er den Gefangenen innerhalb acht und vierzig Stunden dem Tribunale oder kompetenten Richter überliefern muß.

12) Der König wird, bevor er eine eheliche Verbindung eingehet, die Kortes davon benachrichtigen; unterläßt er es, so soll es angesehen werden, als wenn er dem Throne entsagte.

Art. 173. Der König wird bey der Thronbesteigung, oder wenn er minderjährig ist, zur Zeit, als er die Regierung antritt, den Kortes folgenden Eyd leisten:

„Ich N. (Sein Name) durch die Gnade Gottes und die Konstitution der spanischen Monarchie König aller Spanien, schwöre bey Gott und dem heiligen Evangelium, die römisch-katholisch-apostolische Religion zu vertheidigen und zu unterstützen, ohne irgend eine andere im Königreiche zu dulden, die politische Konstitution und Gesetze der spanischen Monarchie beobachten und beobachten zu lassen, indem ich dabey nur das Wohl und den Vortheil derselben vor Augen haben darf; keinen Theil des Königreichs zu veräußern, überlassen noch zerstückeln; niemals in irgend einem Betracht weder in Früchten, Gelde oder andern Sachen zu fordern, sondern einzig und allein solche, welche mir von den Kortes bewilligt werden. Niemanden seines Eigenthums zu berauben, und insbesondere die politische Freyheit der Nation, so wie die personelle eines jeden Mitgliedes derselben, keinesweges anzutasten; und im Fall ich dem Beschwornen oder einem Theile von diesem zuwider handeln sollte, so soll mir der Gehorsam versagt, und ein dergleichen unwiderrechtliches Verfahren als nichtig und ohne Kraft angesehen werden. So helfe mir Gott und stehe mir bey, wo nicht, so möge er mir Rechenschaft abfordern."

Zweytes Kapitel.
Von der Thronfolge.

Art. 174. Das Königreich aller Spanien ist unzertrennbar, und nach der Bekanntmachung der Konstitution wird die Thronfolge beständig nach der gewöhnlichen Ordnung der Erstgeburt und Stellvertreterschaft der gesetzmäßigen Abkommenschaft, männlichen oder weiblichen Geschlechtes, deren Linien näher bestimmt werden sollen, Statt haben.

Art. 175. Nur diejenigen können Könige von Spanien seyn, welche gesetzmäßige Kinder einer fortdauernden und gesetzmäßigen Ehe sind.

Art. 176. In der nämlichen Linie und Grade haben die männlichen Glieder vor den weiblichen Vorzug; und zwar der Aeltere vor dem Jüngern. Jedoch werden die

Weiber, welche von einer geraden Linie oder höhern Grade abstammen, den männlichen von minderem Grade und entfernter Linie vorgezogen.

Art. 177. Der Sohn oder die Tochter des Erstgebarnen des Königs, deren Vater gestorben, bevor er zu dem Throne gelangt ist, hat den Vorzug vor den Onkeln und Tanten, und folgt sogleich dem Großvater in der Regierung zu Folge des Rechts der Erbfolge.

Art. 178. Bevor nicht die Grundlinie der Succession erloschen ist, tritt die nächste nicht ein.

Art. 179. Der König von Spanien ist Ferdinand der Siebente von Bourbon, welcher jetzt herrscht.

Art. 180. In Ermanglung von Ferdinand des Siebenten von Bourbon, folgen ihm seine gesetzmäßige Nachfolger in der Regierung, sie seyen männlichen oder weiblichen Geschlechts; in Ermanglung dieser treten seine Brüder, und die Brüder und Schwester seines Vaters, und die gesetzmäßige Abkommen derselben ein, wie solche nach der Reihe folgen, jedoch so, daß die erste Linie stets über die letztere den Vortritt behauptet.

Art. 181. Die Kortes werden die Nachfolge der oder derjenigen Personen, welche zur Regierung untauglich seyn sollten, oder etwas begangen hätten, welches sie der Krone verlustig machte, ausschließen.

Art. 182. Wenn alle die hier bestimmten Linien erlöschen sollten, so werden die Kortes solche Wahlen treffen, die der Nation am vortheilhaftesten sind, wobey stets die hier festgesetzten Erbfolgestatuten und Regeln zu beobachten sind.

Art. 183. Wenn die Krone unmittelbar auf ein weibliches Mitglied fiele oder gefallen wäre, so kann diese nicht ohne Zustimmung der Kortes einen Gemahl wählen. Im entgegengesetzten Fall soll es angesehen werden, als wenn sie der Krone entsage.

Art. 184.

Art. 184. Im Fall ein Frauenzimmer den Thron bestiege, so darf deren Gemahl keine Autorität in Hinsicht des Königreichs haben, noch irgend Theil an der Regierung nehmen.

Drittes Kapitel.
Von der Minderjährigkeit des Königs und der Regenz.

Art. 185. Der König wird bis nach Ablauf seines achtzehnten Jahrs als minderjährig betrachtet.

Art. 186. Während der Minderjährigkeit des Königs wird das Königreich durch eine Regenz beherrscht.

Art. 187. Das Nämliche findet Statt, wenn sich der König durch irgend eine physische oder moralische Ursache, seine Gewalt zu behaupten, untauglich befände.

Art. 188. Wenn dieß Hinderniß länger als zwey Jahre dauert, und der nächste Nachfolger über achtzehn Jahr alt wäre, so können ihn die Kortes als Regenten des Königreichs, anstatt der Regenz ernennen.

Art. 189. In den Fällen, daß die Krone erledigt, und der Prinz von Asturien noch minderjährig wäre, soll die provisorische Regenz bis zur Eröffnung der außerordentlichen Kortes, wenn die gewöhnlichen nicht versammelt wären, aus der Königinn Mutter (im Fall solche vorhanden ist) zwey Deputirten der permanenten Deputation der Kortes, und zwar die ältesten, wie sie nach der Ordnung in der Deputation aufgenommen worden, und aus zwey der ältesten Mitglieder des Staatsraths, nämlich dem Dechant und der ihm folgt, bestehen. Wenn es keine Königinn Mutter gäbe, so tritt der, zu Folge der Anciennität, dritte Staatsrath in die Regenz ein.

Art. 190. Die provisorische Regenz wird von der vorhandenen Königinn Mutter, und in ihrer Ermangelung durch denjenigen von der permanenten Deputation der Kortes, welcher zuerst in derselben ernannt wäre, präsidirt.

Art. 191. Die provisorische Regenz soll nur diejenigen Geschäfte verrichten, welche keinen Aufschub leiden, und kann nur ad interim Beamte verabschieden oder anstellen.

II.
Von der Gewalt der Regierungen
oder
der Uebereinstimmung, in welcher die Militärmacht mit der Natur des Gouvernements und seiner Verfassung stehen soll.

Von

J. J. Tarayre,
General-Lieutenant.

Aus dem Französischen übersetzt.

Vorwort.

Die Gedanken, die ich dem Publikum vorlege, wurden bereits vor drey Jahren niedergeschrieben; die Vorsicht rieth, ihre Bekanntmachung bis zum gegenwärtigen Augenblick aufzuschieben. *) Unsere Gränz-Festungen waren von fremden Armeen besetzt; die Gesandten der alliirten Mächte konnten auf die französische Regierung Einfluß üben; man wagte nichts zu sagen, nichts zu schreiben, das auf Belebung der Vaterlandsliebe, auf Erweckung der National-Energie gerichtet war. Es hieß gleich: Gebt Acht, die Fremden sind da! — Endlich sind sie fort. Es sey uns also erlaubt,

---
*) Einige Fragmente wurden im Jahr 1818 zur Zeit der Verhandlungen über das Rekrutirungs-Gesetz bekannt gemacht.

von jetzt an alles zu sagen und zu schreiben, was dem Vaterlande nützlich seyn kann. Erwachen wir aus dem langen Schlaf! Verzichten wir auf den verderblichen Ruhm, andern Völkern Gesetze zu geben; aber verstehen wir zugleich, Herr und Meister im eigenen Hause zu seyn. Sollten einige Aufwiegler ferner den fremden Einfluß anrufen, so mögen sie als Verräther des Vaterlandes erklärt und der öffentlichen Verachtung überantwortet werden. — Es wäre gegen meine Absicht, wenn sich jemand durch diese Aeußerung beleidigt finden sollte. Ich habe meine Grundsätze nicht aus meinen Leidenschaften, sondern aus der Natur der Dinge hergeleitet.

Jede Regierung hat eine ihr eigenthümliche Gewalt, welche von ihrer Natur abhängt. Aendert sich die Gewalt, so muß die Regierung sich gleichfalls ändern; sonst gibt es keine Uebereinstimmung. Beharrte man darauf, den Gang einer Regierung durch eine ihrer Natur widersprechende Gewalt leiten zu wollen, so hieße dieß einen bleibenden Zustand der Uneinigkeit und des Kriegs einführen.

Ich untersuche, welche Art von Gewalt einer jeden Art von Regierung angemessen ist; ich handle von der dem despotischen Gouvernement, und von der der reinen oder absoluten Monarchie natürlichen Gewalt; ich sage davon jedoch nur so viel, als zur Aufstellung meines Systems nöthig ist. Ausführlicher handle ich von der Gewalt, die einer repräsentativen Regierung, wie Frankreich sie hat, angemessen ist.

Man fühlt allgemein in Frankreich, daß die Charte, deren Ausführung bis auf den heutigen Tag zum Theil feindlichen, wenigstens verdächtigen Händen anvertraut wurde, eine eigene Gewalt und Garantie nöthig habe. Die aufgeklärtesten Männer fordern mit Nachdruck eine wahre Jury, Freyheit der Presse, Sicherheit der Personen, Gewissensfreyheit und eine Organisation der Communal- und Departemental-Verwaltung, welche mit dem repräsentativen Gouvernement in Uebereinstimmung stehe. Es scheint mir jedoch, daß nicht deutlich genug erkannt wird, wie es die beste unter allen Garantien wäre, wenn man der bewaffneten Macht eine gute Organisation gäbe, die fremden Truppen zurück schickte, alle Special-Korps entliesse, und durch ein Gesetz den Gebrauch der stehenden Armee im Innern gegen die Bürger verböte. Vergebens würden wir alle andere Garantien haben, wenn den Feinden der Charte genug Schweizer, genug Gensdarmen und genug feile Soldaten zu Gebote stehen, um sie zu vernichten. Was soll aus allen diesen schwachen Garantien werden, so lange es uns an hinreichender Gewalt zu ihrer Vertheidigung fehlt, während Gewalt genug da ist, sie anzugreifen und zu zerstören. *) Wir möchten uns auf die Charte berufen, so viel wir wollten; man würde nur über unsere Gutmüthigkeit lachen. Haben wir die Reden und das Betragen der unfindbaren Kammer vergessen? Wissen wir nicht, was seit 1815 bis auf den heutigen Tag in jenen Departements geschehen ist, wo die Parteymänner der Privilegirten die Gewalt für sich hatten? Das Rekrutirungs-Gesetz, das während der letzten Sitzung gegeben wurde, ist nach meiner Ueberzeugung weit davon entfernt, uns gegen die Versuche sicher zu stellen, die man gegen uns sich erlauben könnte. Die Verhandlungen, zu denen es Gelegenheit gab, haben hinlänglich die Entwürfe und Absichten der privilegirten Klassen enthüllt. Sie wollten eine Armee für sich, und zum Schutz ihrer Interessen bey Unterdrückung der unsrigen.

Mehrere unabhängige Abgeordnete hatten damals Gelegenheit, ihre patriotischen Stimmen hören zu lassen. Gleichwohl — man erlaube mir es zu sagen, — ist der Gegen-

---

*) Wenn der Kampf beginnen sollte, und wir besiegt würden.

stand nur oberflächlich behandelt worden; keiner von ihnen hat die Frage in ihrem ganzen Umfange gefaßt. *) Die stehende Armee, welche einer repräsentativen Regierung zusteht, soll natürlich aus der Masse der nationalen Kräfte hervorgehen. Mit Organisation dieser Masse also hätte man anfangen sollen.

Das Gesetz für die Rekrutirung, wie alle Gesetze, die man bis jetzt gemacht hat, trägt den Charakter unserer falschen Stellung; es ist nur ein Palliativ, ein Bastard-Gesetz, von einer Regierung vorgeschlagen, welche sich nicht auf den Boden der absoluten Macht stellen kann, weil sie zu viel Hindernisse antrifft, welche sich aber auch nicht entschließen kann, alle Folgen der repräsentativen Verfassung anzuerkennen, und darnach zu handeln.

Diejenigen, welche eine durch freywillige Anwerbung errichtete Armee verlangten, sagten mit Grund, daß der Gesetzes-Entwurf die durch die Charte abgeschaffte Konscription wieder herstelle. Die Vertheidiger des Entwurfs behaupteten das Gegentheil; sie setzten die Worte des Gesetzes auf Schrauben, und brachten jesuitische Unterscheidungen vor. Doch ändert man die Natur der Sache nicht, wenn man den Namen ändert. Ein unabhängiger Abgeordneter hätte ohne Scheu sagen sollen: „die Charte hat die Konscription nicht abschaffen können; dieß würde eine lächerliche Anmaßung von ihrer Seite seyn. Die Konscription ist nichts anders, als ein Mittel, aus der Masse der Nationalkräfte diejenigen herauszuheben, welche nach den Umständen zur Sicherheit und Vertheidigung des Landes nothwendig sind. Die Konscription abschaffen, würde so viel heißen, als das Recht der Vertheidigung vernichten, welches die Natur den Nationen, wie

---

*) Herr von Brigode scheint mir die Frage am besten gefaßt zu haben.

den Individuen, gegeben. Diesem Rechte durch die Gesetzgebung Gränzen setzen, wäre widersinnig. Wenn die be-
willigte Macht nicht stark genug ist, den Feind zu vertreiben, soll man gelassen zusehen, wenn er verheert, plündert,
mordet? Wie konnte man alle Klassen, die gelooßt haben,
ein für allemal für befreyt erklären?"

Es scheint, daß man durch diese Beschränkung dem Miß-
brauch begegnen wollte, den die Regierung von der Konscription machen könne; war es aber zu diesem Behuf nicht
natürlicher, eine jährliche Bewilligung anzuordnen? Die
Regierung, welche die letztere verwarf, besorgte ohne Zweifel, dadurch schwach und isolirt zu werden; allein eine repräsentative Regierung soll durch keine Special-Armee unterstützt werden. Ihre Basis soll das Interesse der großen
Mehrheit des Volks, ihre Stütze soll die öffentliche Meinung
seyn; daher wird sie unfehlbar durch die Interessen, die sie
beschützt, vertheidigt, so wie durch die öffentliche Meinung,
mit der sie einig ist. Ist sie nicht sicher, immer hinlängliche
Gewalt zu haben, so lange sie ihre Schranken nicht über-
schreitet? Will sie aber über diese hinaus, soll denn die
Nation ihr die Mittel geben, solche Vorsätze auszuführen?
Die Armee, welche das Rekrutirungsgesetz uns gibt, ist zu
zahlreich in Bezug auf unsern Zustand, und zu schwach, wenn
es darauf ankäme, uns gegen Angriffe der Nachbarn zu vertheidigen; sie scheint einzig in der Absicht organisirt zu seyn,
um die Verirrungen des Gouvernements zu beschützen.

Während den Verhandlungen in den Kammern haben
die Minister einige Gran Weihrauch für die Krieger der
alten Armee verbrannt; es war aber nur ein trügerischer und
spottender Rauch. Die executorischen Ordonnanzen waren
allem so gut zuvorgekommen, daß die alten erfahrenen Offiziere zerstreut auf der Oberfläche von Frankreich schmachteten.
Da der größte Theil unfähig ist, einen neuen Stand zu ergreifen, so sahen sie sich unbeschäftigt und dürftig, während

junge Leute ohne Erfahrung, und zu andern Geschäften tauglich, eine Laufbahn beginnen, die schon mit alten Militärs überfüllt ist.

Die Organisation der Veteranen war nur ein Spiel, ein Schreckbild, das man mit Unrecht gefürchtet hat; wenn sie Statt gefunden hätte, so würde sie eine empörende Ungerechtigkeit geheiligt haben. Die Verpflichtung, den Staat zu vertheidigen, ist eine Last, eine Auflage, die mit möglichster Gleichheit vertheilt werden soll, indem man zugleich die Zeit des Dienstes auf die kürzeste Dauer beschränkt, und ihn durch eine große Anzahl von Individuen verrichten läßt, die nach und nach diese ehrenvolle aber auch lästige Arbeit übernehmen. Wie durfte man aber die Härte des Looses dadurch vergrößern, daß man die Last auf einige Individuen, die das Loos trifft, noch zu häufen sucht? Warum sollen Menschen, die von der Natur bestimmt sind, zu arbeiten, zu schaffen und zu erwerben, verbunden seyn, in einem Stande auszuharren, der die erzeugende Arbeit ausschließt, und sie hindert Eigenthümer zu werden? Warum will man der Nation eine Klasse von Menschen aufbürden, die nichts seyn können als Krieger, und deren Alter, falls es dem Staate nicht zur Last fällt, eine Auflage auf die Wohlthätigkeit der Einzelnen seyn würde.

Die Parteymänner der alten guten Zeit wollten, daß die Armee durch freywillige Werbung vervollständigt werde. Dieß Mittel würde in der That ihren Absichten sehr förderlich seyn; eine solche Armee hätte ihnen angehört; sie wollten sich den ausschließenden Befehl über dieselbe vorbehalten. Ihr seht, sie verstehen sich auf den Werth der Gewalt! — Fragt man sie: wie sollen wir uns vertheidigen, wenn wir angegriffen werden? — Fürchtet nichts, antworten sie, die Kriege wird man künftig nicht mehr mit großen Armeen führen; nur der Ueberschuß der Bevölkerung ist dazu bestimmt. Zwischen den Fürsten, die durch die heilige Allianz vereint sind, werden die Kriege keinen andern Zweck haben, als den Ausschuß des menschlichen Geschlechts, zu deren Unterhalt die Nahrungsmittel nicht hinreichen, aus der Welt zu schaffen, und zugleich den Glanz der historischen Namen zu erhöhen. Die Natur sendet uns zu diesem Behuf Pest und Hungersnoth; sie werden ihr zu Hülfe kommen, indem sie den Krieg hinzufügen, dessen Zweck ferner nicht der Umsturz der Dynastieen, nicht die Eroberung seyn wird; sondern nur den höhern Classen zu einer edeln Leibesübung und als ein Mittel, sich auszuzeichnen, dienen soll. Diese Idee ist wahrhaft glänzend, sie zeigt uns die Aristokratie als eine Geissel des Himmels und als ein Mittel, das Gleichgewicht zwischen der Bevölkerung und dem Vorrath der Lebensmittel zu erhalten. Wenn aber der menschliche Verstand Lazarethe gegen die Pest errichtet, wenn er die Kuhpocken verbreitet, und viele wohlthätige Erfindungen zum Besten der Leidenden ersonnen hat, sollte er nicht auch Mittel erfinden, wie die aristokratische Macht, dieser natürliche Gefährte der Plagen der Natur, womit das menschliche Geschlecht heimgesucht wird, untergraben und gesprengt werden könne?

Seit langer Zeit leben wir in Frankreich unter einem Special-Regiment, d. i. unter einer für besondere Fälle und Umstände, nicht für das allgemeine Interesse und die Würde des Staates berechneten Regierung. Es gibt Special-Gerichtshöfe, Special-Jury, Special-Wähler bis zum Jahr 1817, folglich eine Spezial-Deputirtenkammer bis zum Jahr 1821 *); eine stehende Spezial-Armee, fremde Soldaten; eine Spezial-Nationalgarde. Wie haben wir

---

*) Das neue Wahlgesetz wurde i. J. 1817 gegeben, da aber jährlich nur ein Fünftel der Deputirten austritt, so kann die Kammer erst i. J. 1821 ganz neu, nach den Vorschriften dieses Gesetzes, gewählt seyn.

A. d. U.

uns gegen alle diese so weislich organisirten Mittel zum Verderben nur erhalten können? Unsern Feinden stehen gegen uns zu Gebote die Gefängnisse, die Verbannungen, die Aechtung, die ersonnenen oder angelegten Verschwörungen, die Macht der Verwaltung, die Gensdarmen, die Soldaten, die Spione, eine ihrem Befehl unterworfene Nationalgarde, die sie sich ausgewählt haben, fremde Armeen, die sie für ihre Alliirten erklären, Geld zur Bestechung. Und wir — entwaffnet, zerstreut, ohne Organisation, ohne Preßfreyheit, ohne Verbindung, wir können ihnen nur eine vis inertiae entgegensetzen, eine Gewalt der Meinung; unsere Sache stützt sich nur auf Vernunft und Gerechtigkeit. Sollen wir lange in diesem Zustand der Gefahr und der Angst verweilen? Werden unsere Abgeordneten nicht während dieser Sitzung ihre Stimme erheben, um die Sicherheit zu verlangen, die uns fehlt? — Die wesentlichste aber und die stärkste scheint mir die Organisation der öffentlichen Gewalt zu seyn.

Ich glaube, daß dieser Gegenstand von der höchsten Wichtigkeit sey; ich habe über ihn geschrieben. Ich übergebe diese Ideen allen meinen Mitbürgern; ich widme sie den Abgeordneten der Nation. Möge es ihnen gelingen, durch ihre Energie uns den Genuß einer schon zu lange entbehrten Sicherheit zu verschaffen, und die Ruhe und das Glück Frankreichs zu befestigen. Sollten wir diese Vortheile nicht durch die friedlichen Arbeiten der Gesetzgebung erhalten, wäre dann nicht zu besorgen, daß die Nation, zur Verzweiflung getrieben, von neuem die Bahn der Revolution betreten könnte?

Erstes Kapitel.
Das Reich der Gewalt.

Alles in der Natur ist der unwiderstehlichen Herrschaft der Gewalt unterworfen; die Gerechtigkeit selbst ist nur ein todter Begriff, wenn sie nicht die Gewalt als Gefährtin mit sich führt.

Das Gesetz der Stärke übt seine Macht unter den Thieren verschiedener Gattung, das schwächere wird von dem stärkeren verzehrt; der Mensch, erhaben über sie durch seine Organe und durch einen Geist, der ihm Mittel gibt, seine physischen Kräfte zu vermehren, eignet sich die Kräfte der Natur an, herrscht über alle lebendige Wesen, die er erreichen kann, und macht sie seinem Nutzen und Vergnügen dienstbar.

Bey der menschlichen Gattung wird aber eine besondere Eigenthümlichkeit wahrgenommen. Die andern Thiere kennen keine Subordination unter den Individuen derselben Gattung. *) Die Menschen dagegen sind durch ihre Organisation, durch ihre Perfektibilität und durch zufällige Umstände fähig, ungleiche Fortschritte zu machen im Gebiete des

---

*) Bey allen Gattungen (den Menschen ausgenommen) empfängt aus den Händen der Natur jedes Individuum die zu seinem Daseyn nöthigen Organe, es muß selbst für seinen Unterhalt sorgen, es kann nicht Seinesgleichen dazu anwenden. Ein Pferd möchte sich immer zum König seiner Gattung aufwerfen, es wäre nicht weniger genöthigt, selbst auf die Weide zu gehen; seine Unterthanen, wie treu sie auch seyn möchten, können ihm diese Mühe nicht ersparen; es fehlt ihnen an Organen, um für ein anderes Individuum zu arbeiten, und ihrem Könige fehlt es an Organen, sie dazu zu zwingen. So lebt also jeder durch eigene Sorge, und hört auf zu leben, wenn er sich selbst nicht mehr genügen kann.

A. d. Verf.

Verstandes, der ihnen Kräfte oder die Mittel, sie sich anzueignen, gibt; sie konnten also eine Subordination unter den Individuen ihrer Gattung einführen; sie fügten künstliche Kräfte zu den natürlichen, z. B. den Stock, die Schleuder, den Pfeil, den Wurfspieß, später den Säbel, die Flinte, die Kanone ꝛc. Diejenigen, welche zuerst im Besitz dieser künstlichen Kräfte waren, hatten eine Uebermacht über diejenigen ihrer Gattung, denen sie fehlten; jene machten diese arbeiten, um ihre Bedürfnisse oder ihre Lust zu befriedigen. Die Ungleichheit der Kräfte machte Herren und Sklaven, Könige und Unterthanen, Edelleute und Bürgerliche. So lange diese Ungleichheit vorhanden ist, muß der Schwächere nach dem Willen des Stärkeren arbeiten zu dessen Nutzen und Vergnügen. Ist die Ungleichheit der Stärke einmal eingeführt, so erhält sie sich durch sich selbst; mit der Stärke hat man Abgaben, mit den Abgaben rekrutirt man die Stärke, man hat Soldaten, Beamte, Richter und Priester. Es kommt nur darauf an, ihnen einen Theil der Beute anzuweisen: sie mögen todtschlagen, verwalten, richten oder katechisiren, sie verfolgen alle Einen Zweck — die Aufrechthaltung der Macht, an deren Nutzen sie Theil nehmen. Wäre diese Ungleichheit der Gewalt und der Einsicht beständig und unveränderlich, so würden die Menschen für immer in zwey Klassen getheilt seyn, in Herrscher und Beherrschte, in Herren und Sklaven. Das menschliche Geschlecht ist aber nicht stehend; alle Individuen, welche dieselben Organe haben, sind einer mehr oder minder fortschreitenden Vervollkommnung fähig. Sie erlangen Stärke und Einsicht. Es kann kommen, daß endlich die Beherrschten zahlreicher, stärker und eben so einsichtsvoll als die Herrscher werden, daß sie das Joch abwerfen, und den Grund zu einer gesellschaftlichen Gerechtigkeit legen, wodurch eine feste, harmonische Ordnung eingeführt, die Gattung geehrt, und Ruhe und Sicherheit geschützt werden.

Zweytes Kapitel.
Die Vertheilung der Stärke begründet die gesellschaftliche Gerechtigkeit.

Die Herrschaft entsteht aus der Uebermacht der Stärke und der Einsicht, und aus dem Bunde der Herrschenden. Die Befreyung kann nur von dem Wachsthum der Stärke und Einsicht, und von dem Bunde der Beherrschten erwartet werden. Vermehrung der Stärke und Einsicht entsteht aus den Fortschritten der Industrie, der Künste und des Handels; diese geben Eigenthum, und mit ihm den Wunsch der Unabhängigkeit, den Willen, die Stärke zur Erhaltung und zum Genuß anzuwenden.

Die Herren, die genußbegierig sind, begünstigen selbst, ohne es zu wollen, das Wachsthum und die Vertheilung der Kräfte. Sie müssen erlauben, daß der Mensch erzeugt, weil es ihnen sonst unmöglich wäre, ihre Bedürfnisse und ihre Lust zu befriedigen; sie müssen dem Producenten etwas lassen, um ihn für seine Mühe zu entschädigen, und ihn anzueifern, noch mehr zu erzeugen. Auf solche Art bildet sich das Eigenthum, und werden nach und nach die gesellschaftlichen Kräfte unter alle Menschen vertheilt. Das Gefühl ihrer Stärke bestimmt endlich die Unterdrückten, sich gegen die Unterdrücker zu vereinen. Auf diesen Verein muß nothwendig ein Kampf erfolgen; der Sieg entscheidet sich für den Stärkern; ist er auf Seite der Beherrscher, so dauert die Unterdrückung fort; siegen die Beherrschten, so werfen sie das Joch ab, legen es aber nicht den Besiegten auf. Die Letztern wissen in der Regel nichts zu erzeugen; überdem ist ihre Anzahl zu klein, und die der Sieger zu groß, als daß jene länger auf Kosten dieser leben könnten; man fordert also nichts von ihnen, als die nöthige Bürgschaft, daß die Sieger nicht in den alten Zustand zurück sinken; man fordert Freyheit, um erzeugen, Sicherheit, um genießen zu können. Die Uebermacht soll

Von der Gewalt der Regierungen.

nur dem Gesetz eingeräumt werden, welches mit ihrer Bewilligung zu machen ist; sie wollen endlich Gerechtigkeit für die Gattung, sie wollen eine repräsentative Regierung.

Es erhellet hieraus, daß die Regierung sich der Gerechtigkeit nähert, sobald diejenigen, welche nicht geplündert seyn wollen, stärker sind, als diejenigen, welche vom Plündern leben wollen.

Es gibt zwey Arten von Menschen in der Gesellschaft, solche, welche von ihrer Arbeit oder ihrem Eigenthum leben, und solche, welche von der Arbeit und dem Eigenthum Anderer leben. Jene bilden die Klasse der Eigenthümer und Gewerbe; die andern sind entweder Bettler, oder Räuber, oder Regierer.

Die Basis jeder gerechten gesellschaftlichen Verbindung ist aber Arbeit, Eigenthum, als das Resultat derselben, und Tausch, welcher die Arbeit unterhält. Die größte Freyheit muß der Arbeit und der Erzeugung gestattet seyn; der Tausch, damit er gerecht sey, muß von beyden Theilen besprochen und bewilligt werden. Betrachtet man die Regierung als ein tauschbares Produkt, so kann sie ebenfalls nur durch freye Zustimmung gerecht werden. Daher ist es die wahre repräsentative Regierung, welche zwischen dem Regierenden und Regierten Verhandlungen zuläßt. Ist diese Form der Regierung gut begründet, so ist sie stets von der Gerechtigkeit und Sparsamkeit begleitet. Jedes andere Gouvernement ist ein Monopol, das nur auf Gewalt beruht; es bestimmt den Preis seiner Waare, zwingt die Menschen, sie ihm auf selbstgefällige Bedingungen abzunehmen, ohne daß es erlaubt wäre, ihre Qualität zu untersuchen, oder über den Preis zu handeln; — doch weiß man, daß dieser Artikel oft verdorben, ungesund, und vor allen Dingen zu theuer ist; über Menge und Maß der Waare freylich kann man sich nicht beschweren, denn die Consumenten erhalten bey weitem mehr davon, als sie brauchen können.

Drittes Kapitel.

Alle Arten von Regierung sind das nothwendige Resultat der Vertheilung der Kräfte.

Man glaube nicht, daß die Form der Regierungen von dem Eigensinn und Willen der Oberhäupter abhängt; sie hängt einzig und allein von Vertheilung der Kräfte ab. Das Gouvernement nähert sich nothwendig der Gerechtigkeit oder entfernt sich davon, je nachdem die Gewalten mehr oder weniger vertheilt sind. Ein König, ein Fürst, ein Oberhaupt kann wohl durch Geschicklichkeit die Vertheilung und das Wachsthum der Gewalten begünstigen; er kann die vorhandenen Kräfte organisiren, um der Gerechtigkeit einen früheren Sieg zu bereiten; es hängt aber nicht von ihm ab, diese Kräfte plötzlich zu erschaffen. Dieses Geschäft hat sich die Zeit vorbehalten, die langsam an Bildung der Einsicht, an den Fortschritten der Künste und der Industrie arbeitet.

Wer in Konstantinopel eine, den nordamerikanischen Staaten ähnliche Republik errichten wollte, würde keine Unterstützung, keinen Willen dazu unter den Menschen finden; Niemand würde ihn verstehen. Der deutsche Kaiser Joseph II. wollte seinem Zeitalter voranschreiten; er scheiterte in seinen Entwürfen. Sein Fehler ist um so mehr zu entschuldigen, als er selten unter Seinesgleichen ist. Man kann im Gegentheil Viele nennen, welche sich Mühe gaben, die Civilisation rückgängig zu machen. Doch geht die Natur nicht zurück; sie wirft alles zu Boden, was sich ihren Fortschritten widersetzt — Eroberer, Könige und Oberpriester. Die Vergangenheit zeigt uns dieß in vielen Beyspielen; auch in Zukunft wird es daran nicht fehlen.

Die Völker, welche sich nach Abnahme des Joches, nach Freyheit sehnen, mögen ihren Geist bilden; sie mögen gewerbfleißig werden, um Eigenthum zu erwerben; nur dadurch können sie ihren Zweck erreichen. Um frey zu seyn, muß man stark und unabhängig seyn; man muß von eigener Arbeit zu leben wissen, ohne nöthig zu haben, sich an die Regierung zu hängen.

Es ist zum Erbarmen, daß man überall Leute findet, die sich für große Freunde der Freyheit ausgeben, und doch nur vom Sold der Regierung zu leben verstehen. Sie beklagen sich über das vorhandene Gouvernement, wenn sie keinen Antheil daran haben; man stelle sie an, und man wird bald sehen, daß auch beym Wechsel der Beamten das System sich gleich bleibt, bis die industriöse Klasse stark und aufgeklärt genug ist, um Ordnung zu schaffen.

Wollte ich den Gegenstand meiner Untersuchung erschöpfend behandeln, so würde dieß eine weitläufige Arbeit erfordern, die ich nicht zu unternehmen wage. Um dem Leser in wenig Worten bemerkbar zu machen, was ich ausführlicher auseinandersetzen zu können wünsche, sey es mir erlaubt, ihm eine Fabel vorzulegen, die ihm und mir Zeit ersparen, und doch hinlänglich meine ganzen Gedanken offenbaren kann.

Der Rath des Aesops an die Sklaven.

Aesop ertrug geduldig sein Leiden unter den Sklaven; seine Unglücksgefährten liebten ihn, sein Witz, sein gesunder Menschenverstand gewannen ihm ihr Vertrauen; in allen Fällen, wo sie etwas thun wollten, fragten sie ihn erst um Rath. Eines Tages kamen sie zu ihm, und theilten ihm ein Komplot mit: Wir haben beschlossen, sagten sie, unsern Herrn zu tödten; wir sind Hundert gegen Einen. Ist es bey solcher Anzahl nicht schimpflich, länger in der Sklaverey zu bleiben? Gieb uns deinen Rath, denn wir sind übereingekommen, dir zu folgen. — Wenn ihr euern Herrn tödtet, sagte Aesop, so werdet ihr dadurch noch nicht euer Schicksal ändern; an seine Stelle wird sein Bruder, sein Neffe oder gar einer von seinen Nachbarn treten; und was nützt es euch, den Herrn zu wechseln, wenn ihr bey dem Wechsel nicht noch etwas Anderes gewinnt? Die Sklaverey ist in euch selbst; diejenigen, die euch in der Knechtschaft erhalten, sind unter euch ausgewählte Sklaven; für einige Gunst, die sie erhalten, leihen sie ihre Kräfte demjenigen, der euch unterdrückt. Eure Treiber, eure Schließer, eure Henker, sind sie nicht Sklaven, die aus euern Reihen kommen? Schmiedet ihr nicht selbst eure Fesseln?

Die Priester des Belus kommen, im Namen des Himmels euch Unterwerfung zu befehlen, und ihr glaubt all ihren Alfanzereyen! — Wollt ihr frey seyn? Lernt euch auf euer Interesse verstehen, haltet zusammen, und wißt, von eurer Arbeit zu leben; verachtet verrätherische Gunstbezeigungen, seyd stark, verständig, fleißig, hört auf dumme Teufel zu seyn, und glaubt dem Aesop, daß ihr ohne diese Mittel nie frey seyn werdet.

Viertes Kapitel.
Von der Gewalt der despotischen Regierung.

Welches auch die Form einer Regierung seyn mag, sie kann sich nicht ohne Gewalt erhalten; sobald diese ihr fehlt, oder sich außerhalb der Regierung eine verschiedene und überlegene Gewalt erhebt, muß das Gouvernement zu Grunde gehen.

Die Stärke einer jeden Regierung ist ihrer Natur analog. Sie besteht aus der Vereinigung und dem Uebergewicht der Interessen, deren Vertheidigung ihr Zweck ist, und aus der Theilung und Abhängigkeit der entgegengesetzten Interessen.

In einem despotischen Gouvernement giebt es eigentlich nur ein herrschendes Interesse, das des Despoten. Die Stärke dieser Regierung kann also nicht aus dem Verein ähnlicher Interessen bestehen, weil ein einziges vorherrschen soll; sie bildet sich aber aus der Unterwerfung aller andern

Interessen unter dieß eine: Der Wille aller muß vor dem Willen des Despoten nichts seyn; das Volk, das er beherrscht, muß nur eine Heerde Vieh seyn, die er nach Willkür scheeren und würgen kann. Und diese Unterjochung muß sich nicht allein in der Masse der Heerde offenbaren; sie muß auch auf die Schäfer übergehen, die er zu ihrer Bewachung aufstellt. Der Sultan muß über das Leben seiner Vezirs und Bascha's gebieten können, wie über das Daseyn des niedrigsten Sklaven; die Agenten der öffentlichen Gewalt dürfen nichts anders seyn, als, im buchstäblichen Sinne des Worts, Instrumente der Gewalt des Despoten. Dieß muß vorzüglich bey der bewaffneten Macht der Fall seyn, daher der Sultan aus guten Gründen seine Garde aus Menschen ohne Familie, und die kein anderes Vaterland, als den Palast haben, zusammensetzt.

Das despotische Gouvernement verliert seine Natur durch die Fortschritte des Unterrichts, der Industrie, und des Handels, durch jede Ursache, welche eine der seinigen entgegengesetzte Kraft erzeugt.

Fünftes Kapitel.
Von der Gewalt der absoluten Monarchie.

Die absolute Monarchie hat eine bessere Basis, als das rein despotische Gouvernement. Man kann sie für eine Gesellschaft der privilegirten Körperschaften erklären, in welcher jeder seine Bedingungen gemacht hat. Ihre Stärke bildet sich aus dem Verein dieser Körperschaften, und aus der Unterwerfung des Volks, welches die Last ihrer Privilegien erträgt, und ihren Erpressungen als Stoff dient. Bey einem solchen Gouvernement würde es wenig Klugheit verrathen, wollte man die bewaffnete Macht aus Menschen bestehen lassen, die aus den mittleren Klassen genommen sind, denn gerade auf diese Klasse drückt ganz besonders die Last der

Herrschaft; sie muß also der natürliche Feind derer seyn, welche sie ausüben. In der Regel also muß hier die bewaffnete Macht aus den Vagabunden und aus den Edelleuten zusammengesetzt seyn, d. h. die Soldaten werden unter dem ärmsten Volk recrutirt, und die Anführer aus den privilegirten Klassen gewonnen. „Es wäre sogar besser, die Armee aus Fremden, als aus Landeskindern zusammen zu setzen; denn es ist dieselbe, wenn sie eine von der Nation, die sie unterm Joch halten soll, verschiedene Sprache redet. Der Gipfel der Vorsicht würde es endlich seyn, wenn man nur Menschen aus den wildern Stämmen aufnähme, z. B. an den Küsten von Afrika recrutirte, damit die Armee aller Civilisation fremde, schwerer zu verführen, und um so eifriger zu gehorchen sey. Es ist zu verwundern, daß keine absolute Regierung in Europa noch auf diesen Gedanken gekommen ist.

Wie der Despotismus, so verliert auch die absolute Monarchie ihre Natur durch die Fortschritte der Civilisation und in dem Maße, als diejenigen Klassen an Stärke gewinnen, deren Interesse außerhalb dem Kreise der Regierung gestellt war. Zur fortwährenden Erhaltung eines solchen Gouvernements wäre nothwendig, daß aus den mittleren Klassen alle diejenigen Menschen, welche zu Kräften gekommen sind und Widerstand leisten könnten, in die privilegirten Körperschaften aufgenommen würden. Da jedoch die Einfassung dieser Körperschaften nur eine gewisse Ausdehnung zuläßt, so kommt nothwendig eine Zeit, wo die fernere Aufnahme unmöglich wird, und wo man genöthiget ist, viele kräftige Menschen außerhalb zu lassen. Dieß ist die Zeit, wo es mehrere Aspiranten der Macht giebt, als die Masse des Volks ernähren kann. Sodann erhebt sich neben den Klassen, welche das Privilegium haben, die andern zu benutzen, eine nebenbuhlende Klasse, welche, da sie an der Plünderung keinen Theil nehmen kann, wenigstens Ansprüche macht, sich ihr zu entziehen, und welche ferner nicht als Beute angesehen seyn will. Dieß ist, was man in Frankreich unter dem dritten Stande, unter der Bürgerschaft der mittleren oder industriösen Klasse versteht. Weil diese Klasse täglich Fortschritte macht, weil ihre Einsichten, ihr Vermögen und ihre Kräfte sich in fortwährendem Wachsthum befinden, so muß unvermeidlich einmal ein Augenblick kommen, wo sie mächtig genug wird, die Privilegirten zu nöthigen, auf ihre Vorrechte zu verzichten, und wie jene durch nützliche Arbeiten die Mittel der Erhaltung und des Ansehens zu suchen. Alsdann werden zwey Grundsätze allgemein anerkannt: Erstens, daß die öffentliche Macht, statt das ausschließende Eigenthum gewisser Kasten zu seyn, vielmehr ohne Unterschied solchen Männern aus allen Ständen übertragen werden muß, welche die nöthigen Bedingungen zu ihrer zweckmäßigen Ausübung in sich vereinen. Zweytens, daß diese Macht statt zum Nachtheil derjenigen, die sie besitzen, vielmehr zum Vortheil derjenigen, welche sie ertragen, angewendet werden muß; die Ausübung derselben soll keine Begünstigung, kein Beneficium, sondern ein Amt, eine Last seyn; statt eine Anstalt zur Unterdrückung, soll sie eine Institution des Friedens und der Sicherheit seyn. Dieß ist der Ursprung der repräsentativen Regierung.

Sechstes Kapitel.

Von der Gewalt der repräsentativen Regierung.

Wie alle andere, kann das repräsentative Gouvernement sich nur durch die Gewalt erhalten, und diese entsteht hier, eben auch wie bey den andern, aus der Unterstützung, die ihm die Interessen, welche es vertheidigt, gewähren, und aus der Unterordnung der entgegengesetzten. Die Interessen aber, welche die repräsentative Regierung vertheidigt, sind wesentlich von denen verschieden, welche die andern

Arten von Regierungen begünstigen. Der Zweck der Despotie ist, ein Volk der Willkür eines Menschen, jener der Feudalmonarchie, es der Herrschaft einiger Klassen von Menschen zu unterwerfen; das repräsentative Gouvernement beabsichtigt dagegen, das Volk von jeder Art von Herrschaft zu befreyen; es soll die Individuen gegen jede Erpressung und und Gewaltthätigkeit sicher stellen; ihnen Allen, mit den wenigsten Kosten, die größtmögliche Freyheit in der Arbeit und die größtmögliche Sicherheit im Genuß der Früchte ihrer Arbeit verbürgen. Ein solches Gouvernement hat da, wo es existirt, nothwendig alle diejenigen zu Anhängern, welche, um zu leben, nichts brauchen, als Freyheit und Sicherheit, alle diejenigen, zu deren Gedeihen es genügt, daß sie ihre Fähigkeiten üben und ihre Kapitalien benützen können. Seine Feinde sind alle diejenigen, welche weder Gewerbfleiß noch Kapitalien besitzen, die sie geltend machen könnten, und welche nichts verstehen, als auf Unkosten der Andern zu leben; alle diejenigen, denen es nicht genügt, daß sie beschützt werden, sondern die Anstellung und Sold verlangen; alle diejenigen, die nichts mit der Freyheit anzufangen wissen, und Macht, Patente und Gnadenbezeigungen nöthig haben. Seine Freunde sind mit einem Wort alle, welche irgend ein Vermögen besitzen, und es durch Arbeit zu vermehren suchen; und seine Feinde alle, die nichts besitzen, die unfähig sind zum Erwerb, oder ihr Vermögen nur dadurch zu vergrößern wissen, daß sie mittelbar oder unmittelbar das Vermögen der Andern antasten; d. h. die nützlichen und arbeitsamen Menschen sind die Freunde der repräsentativen Regierung; und die Ehrgeizigen und Vagabunden, die Privilegirten und das Bettelvolk sind ihre Feinde.

Man sieht also klar, wo das Prinzip ihrer Stärke ist, und mit welchen Menschen sie sich umgeben muß, um sich zu erhalten; mit ihren natürlichen Freunden nämlich, mit denen, die durch Einsicht, Industrie oder Vermögen zur Thätigkeit, zum Leben, zum Gedeihen der Gesellschaft beytragen.

Das repräsentative Gouvernement kann in Aristokratie ausarten. Diese Richtung läßt sich an sichern Zeichen erkennen: mächtige und kühne Menschen, durch die Uebereinstimmung ihres Vortheils verbunden, suchen sich der Institutionen zu bemächtigen, und sie nach ihren Absichten zu leiten. Durch Heucheley suchen sie ihre Umtriebe zu verstecken, ihre Reden sind finster und mystisch; sie sprechen unaufhörlich von Religion und Moral, nehmen den Fanatismus zum Gesellen, und verschreyen die Philosophie als ein zerstörendes, der Natur widersprechendes Ungeheuer, das man vernichten, an dessen Stelle man die Dummheit und Unwissenheit setzen müsse; sie schmeicheln den niedrigsten Klassen, um aus ihnen Werkzeuge für sich zu machen; sie stellen sich, als wären sie durchaus uneigennützig, und schleichen sich in alle einträglichen und einflußreichen Stellen; vor allen Dingen aber werden sie bemüht seyn, sich eine Gewalt zu verschaffen, die ihnen eigenthümlich angehöre.

Das repräsentative Gouvernement wird errichtet in Folge einer Revolution oder eines Kampfes zwischen der Masse des Volks und den privilegirten Klassen. Die besiegte Partey muß der Gewalt weichen; sie behält jedoch Erinnerung und Hoffnung. Diese Partey kann einen großen Einfluß auf das Haupt der Regierung haben, weil die Gewohnheit sie in die Umgebung des Throns setzt; gelingt es ihr, eine feile oder fremde Armee zu ihrer Disposition zu haben, so ist nicht zu zweifeln, sie wird die bewaffnete Macht zur Ausartung des Gouvernements und zur Wiedererlangung ihrer Vorrechte anwenden. Es ist also wichtig, daß die Abgeordneten des Volks, welche zur Aufrechthaltung der repräsentativen Regierung bestellt sind, darüber wachen, daß keine bewaffnete Macht sich bilde, welche von jener

Parteyen zur Entartung des Gouvernements mißbraucht werden könnte; sie haben zugleich dafür zu sorgen, daß eine zur Erhaltung der repräsentativen Regierung einzig geschickte öffentliche Gewalt organisirt werde.

Siebentes Kapitel.
Gestattet die Vertheilung der Gewalten in Frankreich die Errichtung eines repräsentativen Gouvernements?

Die Revolution hat in Frankreich über alle Hindernisse triumphirt; die privilegirten Klassen wurden durch die Masse der Nation besiegt. Der Kampf war furchtbar, und hat mit großen Niederlagen in den Reihen beyder Parteyen gewüthet. Die Vertheidigung war hartnäckig, wie der Angriff; jeder Theil setzte alle Mittel in Wirksamkeit. Daher sollten Sieger und Besiegte gegenwärtig von allen Vorwürfen abstehen.

Man sah einst auf demselben Schlachtfelde ein großes Volk, zur Verzweiflung getrieben, mit Muth kämpfend gegen die verbündete Aristokratie von Europa. Der Sieg entschied zu Gunsten der Nation, und das Resultat dieser großen Bewegung war die Errichtung des repräsentativen Gouvernements. Die Freyheit hätte sich unstreitig auf ihre wahre Grundpfeiler gesetzt, wenn nicht ein Mann, strahlend von dem Glanz seiner Siege, seinen Einfluß mißbraucht und die Freyheit unter einem Haufen militärischer Trophäen erstickt hätte, um an ihren Platz seine absolute Herrschaft zu stellen. Warum war er kein Washington? Er wäre der Größte unter den Sterblichen, und die Franzosen wären die erste und glücklichste Nation gewesen.

Riesenhafte Entwürfe, gränzenloser Ehrgeiz haben ihm unerhörte Unfälle bereitet; er verlor seine Soldaten, und diese waren seine einzige Stärke; das besonnene Frankreich versagte ihm die Mittel, sich zu erheben, — es verlangte die Freyheit, und konnte sie von demjenigen nicht erwarten, der sie geraubt hatte. Der Koloß der Macht verschwindet endlich wie ein Schatten; unerwartete Ereignisse treten ein, — ich werde sie nicht beschreiben. Man überliefert sich anfangs mit Zutrauen, doch bald geräth man in Verfall. Frankreich war für neues Unglück aufgespart. Der 1. März offenbart die verderbliche Landung Napoleon's. Die Masse der Nation bleibt gleichgültig bey dieser Begebenheit; sie seufzte nach der Freyheit, und sah sie von keiner Seite. Der Kampf konnte nur zwischen den alten Privilegirten und den Anhängern der kaiserlichen Regierung beginnen. Die Masse von Frankreich hätte jeden, welcher auch der Sieger gewesen, aus Höflichkeit begrüßt; aber es gab keinen Kampf. Die alten Privilegirten, wenig zahlreich, ohne Einfluß, fremde seit fünf und zwanzig Jahren, standen in keiner Berührung mit dem Volke. Die Andern, noch von den Spuren des alten Ruhmes bedeckt, waren mit allen Klassen des Volks verbunden, und schienen geschickt, die neuen Interessen der Franzosen zu vertheidigen; sie hatten den Vortheil der Anzahl und Popularität. Die alte Aristokratie flieht, und überläßt, ohne zu fechten, ihrem Gegner den Sieg. Ohne Ungerechtigkeit kann man den Stärkeren nicht das Lob versagen, das ihre Mäßigung verdient; sie ließen keinen Tropfen Blut fließen.

Die aristokratische Partey floh zu den Fremden, und rief noch einmal die alten Alliirten von Pilnitz zu Hülfe. Sie eilen herbey; die Schlacht von Waterloo wird geliefert. Wird Frankreich der alten Aristokratie überliefert werden? Wird die kaiserliche Regierung sich von neuem befestigen? Jede der kriegführenden Parteyen will die eine dieser Fragen zu ihren Gunsten entscheiden. Die Völker, von den Königen an ihre Sache gebunden, fürchten noch den alten Eroberer, und leihen den Königen ihren Arm, um ein Resultat zu erringen, das den Völkern verderblich wird. Die französische Armee fürchtete das Unglück einer Invasion und die Rückkehr der regenden Aristokratie; sie verband sich also mit Napoleon, um das Aergste zu vermeiden. Die Ereignisse haben gezeigt, daß ihre Furcht gegründet war; daher ihre damalige Verbindung mit dem Kaiser zu entschuldigen, ja zu loben ist. Die Franzosen, welche bey Waterloo stritten, sie mochten siegen oder besiegt werden, waren als Soldaten und als Bürger gleich achtungswürdig; sie fochten gegen fremde Truppen, welche ihnen das alte Regiment aufbürden wollten. Aber diese Schlacht hat über die Frage, die auf dem Spiel stand, nicht entschieden: es war ein schönes Feuerwerk, welches nichts als dicken Rauch und die Confusion der Verfinsterungen zurück ließ.

Die Aristokraten kehren im Gefolge und unter dem Schutz der Alliirten nach Frankreich zurück. Ueberall organisiren sie den Schrecken; sie bemächtigen sich der gesetzlichen Formen, sie machen Ausnahme-Gesetze, Klassen-Unterschiede, errichten Prevotal-Gerichtshöfe, heimliche Verbindungen, setzen sich in Besitz der Regierung, der Rechtspflege, der Verwaltung, der Armeen, des Einflusses der Religion. Die fremden Armeen sind ihre Hülfstruppen; — und dennoch machen sie keine Fortschritte, alles bleibt unbeweglich. Die öffentliche Meinung widersteht ihnen. Ihre Aechtungen, ihre Einkerkerungen, ihre Mordthaten und Hinrichtungen richten nichts aus, als daß sie der Nation einen glühenden Eifer für die Freyheit einflößen. Endlich offenbart sich ein furchtbares Zeichen; die Nation ist der Unbilden müde, sie zeigt ihren Unwillen, der Muth der Verzweiflung setzt sie in Gährung; eine Katastrophe wird bereitet. Da erscheint die Ordonnanz vom 5. September; stellt die Ruhe wieder her, und verbreitet einige Sicherheit. Die französische Nation ist friedlich, aber standhaft in ihrem Verlangen; sie bleibt dem Gegenstand ihrer Wünsche, der Freyheit treu. Wer wird sie hindern ihn Zies zu erreichen? — Sie hat während der Revolution die französischen mit allen andern in Europa verbundenen Aristokraten besiegt; ein zweyter Bund derselben Kräfte, die Besetzung von Frankreich selbst, war unzureichend, das Volk wieder unter das Joch der Privilegien zu bringen. Die Hülfstruppen haben sich entfernt; die französische Aristokratie, sich selbst überlassen, ist auf die eigenen Kräfte beschränkt. Verloren, so zu sagen, in der Mitte der Nation, — wie wollte sie den Kampf noch fortsetzen, und sich dem friedlichen Gange des repräsentativen Gouvernements entgegenstellen.

Um der Aristokratie jedoch alle Hoffnung zu entziehen, und sie von jeder Unternehmung, die ihr selbst verderblich seyn würde, abzuleiten, ist es nöthig, die der repräsentativen Regierung eigenthümlichen Kräfte zu organisiren, damit die Evidenz dieser Kräfte allein schon den Aristokraten die Lust und die Möglichkeit nehme, ihre Staatsstreiche zu versuchen. Diese Versuche wären gefährlich, und würden eine Revolution herbey führen, die sie selbst in den Abgrund stürzen müßte. — Die Organisation dieser Kräfte ist das einzige Mittel, ihre Hoffnungen zu zerstören und die Ruhe im Staate zu sichern. Stolz auf ihre Stellung um den Thron, reizen und beleidigen sie unaufhörlich das Volk, und bedrohen es mit neuem Elend. Franzosen, hört ihre Ansprüche, und beurtheilt daraus ihre Entwürfe! Wir stammen, sagen sie, von jenen nordischen Barbaren, welche eure Väter einst überwunden haben; unser ist das Recht, die Früchte des Siegs zu genießen. — Wir antworten ihnen: eure angeblichen Rechte wurden durch die Gewalt eingeführt, sie wurden durch die Gewalt erhalten, sie müssen mit ihr aufhören; wir haben euch in der Revolution besiegt, wir haben das Schlachtfeld behauptet. — Wohl, sagen jene, wir wurden einmal besiegt, aber wir haben uns wieder gesammelt, und den Kampf von neuem mit englischen, russischen und deutschen Hülfstruppen begonnen; wir haben unsern Chef

wieder auf den Thron gesetzt, er hat sich im Besitz seiner
Vorrechte gesetzt, wir wollen die unsrigen auch wieder ha=
ben. Wie er, haben auch wir unsere Legitimität; sie ent=
springt aus derselben Quelle. — Wir antworten ihnen:
Wir wurden nicht besiegt, der Kampf hörte auf, weil euer
Chef der unsrige geworden ist. Er hat uns die Charte
gegeben, die uns unsere Rechte verbürgt. Diese Einwilli=
gung ist ein Vertrag, der uns mit euch auf gleiche Höhe stellt;
ihr müsst mit uns gleiche Lasten ertragen, und dürft gleiche
Vortheile genießen; ihr seyd Unseresgleichen und nichts mehr;
eure Privilegien sind für immer abgeschafft. — Pah! ent=
gegnen sie, die Charte, der ihr euch als Schild bedient, war
nur ein Mittel, uns wieder im Besitz der Macht zu setzen;
man sollte sie abschaffen, sobald wir einmal fest sitzen, und
die Gewalt wieder erlangt haben. — Wir haben, erwiedern
wir, die Charte redlich und ohne Rückhalt angenommen; wir
wollen sie erhalten, ganz erhalten; und wir werden sie zu
vertheidigen wissen. — Wir, sagen die alten Privilegirten,
wir haben sie nur empfangen als Mittel, zu unserm Zweck
zu kommen; wir wollen sie umstürzen, weil sie uns ruinirt,
und weil unser Chef sie ohne unsere Einwilligung gegeben
hat, um seine Privilegien durch Aufopferung der unsrigen
wieder zu erlangen.

Auf solche Art machen beyde Theile unaufhörliche An=
strengungen, der eine, um die Charte zu vernichten, der
andere, um sie zu vertheidigen, und die ehrliche und voll=
ständige Ausführung derselben zu verlangen. Jeder von sei=
ner Seite wendet die Mittel an, die ihm zur Erreichung
seines Zwecks die schicklichsten zu seyn scheinen. Die Einen
wollen Ausnahme=Gesetze; die Andern verwerfen sie. Die
Aristokraten möchten sich der Freyheit der Presse bemächtigen,
um sie ausschließend für sich zu gebrauchen; die Nationalen
fordern sie ohne Unterschied für Jedermann. Jene wollen
eine feile Armee oder Fremdlinge, die unter ihrem Befehl
stehen; diese wollen eine aus Franzosen bestehende Armee,
den National=Interessen ergeben ist. Die Aristokraten wol=
len richterliche, Civil= und Militär=Stellen an sich reißen;
sie wollen die Zahl und Besoldungen derselben übertreiben.
Die Patrioten verlangen, daß die Stellen nur dem Ver=
dienst anvertraut, daß sie auf das Nöthigste beschränkt, und
ihre Einkünfte dergestalt abgemessen werden, daß Niemand

die produktiven Arbeiten verlasse, um nach Aemtern zu rennen. Die Einen wollen die Aristokratie in allen Institutionen einführen; die Andern suchen das durch die interessirten Eigenthümer ausgeübte Wahlsystem durchzusetzen, ohne daß man dabey auf Rang oder Geburt Rücksicht nehme. Jene wollen eine unter ihrem ausschließenden Befehl stehende sogenannte Nationalgarde, die aus den ärmsten Klassen oder aus Leuten von ihrer Meinung genommen ist; diese verlangen, daß die öffentliche Gewalt ohne Unterschied allen denen anvertraut werde, welche ein Interesse haben, das Eigenthum und die Ordnung zu beschützen. Die Aristokraten wollen alle Gewerbe in Regimenter theilen, indem sie die Innungen und Zünfte herstellen; die Patrioten fordern die ausgebreitetste Freyheit für die Ausübung aller Kräfte des Menschen. Jene wollen dem Handel Hindernisse in den Weg legen, Monopole errichten, um den allgemeinen Wohlstand, den sie fürchten, zu hemmen; sie wollen für sich Majorate, Substitutionen, Fideicomisse. Die Patrioten fordern Freyheit des Handels, Leichtigkeit des Umsatzes, Beweglichkeit aller Arten von Eigenthum, damit die Arbeit, diese größte Tugend des Menschen, Aufmunterung finde. Jene wollen, daß das Volk in der Unwissenheit erstarre, damit es ihr blindes Werkzeug sey; sie organisiren daher die Missionen, und unterstützen den Fanatismus. Die Andern bemühen sich den Unterricht zu verbreiten, welcher die Würde des Menschen erhebt und seine geistigen Kräfte erweckt; sie befördern die Methode des wechselseitigen Unterrichts. Die Aristokraten wollen die Klöster wieder herstellen, eine zahlreiche reichlich dotirte Geistlichkeit organisiren (wohl verstanden, daß dabey alle einträglichen Stellen ihren Söhnen vorbehalten werden); sie bekämpfen die Philosophie, und bringen die religiöse Intoleranz wieder in Aufnahme. Die Patrioten fordern Gewissensfreyheit, verbreiten die Lehren der Philosophie, welche alles der Prüfung der Vernunft unterwirft. Der Adel räth zu Konkordaten, um sich Bundesgenossen zu machen aus Papst und Geistlichkeit, welche unsere Blicke nach dem Himmel richten, während sie mit einander sich der Güter der Erde bemächtigen. Die Patrioten wollen nichts von Konkordaten wissen, die sie als Formen der Zwietracht, als ein Mittel zu religiösen Verfolgungen erkennen. Die Aristokraten, um sicherer ihren Zweck zu erreichen, wünschten, daß die Occupation von Frankreich durch ihre Alliirten sich verlängert hätte, sie flehten diese dringend an, sie nicht ihren eigenen Kräften mitten in einer Nation zu überlassen, über die sie so viele Uebel gehäuft haben. Die Patrioten wünschten in sich die Entfernung der fremden Armeen, sie fühlten sich gedemüthigt bey einer Occupation, die des Vaterlandes Ehre beschimpfte, und ihm seine Unabhängigkeit raubte.

Die Patrioten sind zu stark, um sich rächen zu wollen; sie wollen ihren Feinden keine andere Strafe auflegen, als die genaue Ausführung der Charte und die nöthige Bürgschaft für ihre Erhaltung. Eure Väter besiegten die unsrigen, und belasteten sie mit dem Joch des Lehnwesens. Wir haben euch besiegt, wir sind jetzt stärker als ihr, aber wir begnügen uns, euch gleiche Rechte mit uns zu bewilligen, wir wollen nicht mehr, doch auch nicht weniger seyn als ihr. Werden die Aristokraten sich so gemäßigten Bedingungen unterwerfen? Werden sie die Charte annehmen, die ein Friedensschluß zwischen beyden Parteyen ist? Beharren sie auf Fortsetzung des Kampfes, so kennt man ihre Waffen; es sind dieselben, die sie stets gebraucht haben, die Waffen der Fremden; sie haben schon die Larve vom Gesicht genommen, als sie die Verlängerung der Occupation von Frankreich nachsuchten.

Auch in den andern Gegenden Europa's gibt es eine aristokratische Partey; die französische wird sich vielleicht von neuem mit ihr komplet machen; sie könnten vereint einen neuen Hunnenzug gegen die Masse der civilisirten Nationen versuchen, indem sie bald gegen die eine, bald gegen die andere ins Feld rücken. Könnten aber die Völker nicht gleichfalls sich verstehen und vereinigen, um ihr gemeinschaftliches Interesse zu vertheidigen? Werden sie ruhig sich eins nach dem andern zertreten lassen? Werden sie ihren angeblichen Herren den eigenen Arm leihen zu eigener Unterdrückung? Versagen aber die Völker ihre Hülfe, so vermag die privilegirte Rasse nichts; ihr edles Geblüt liefert Kommandanten, nicht aber Soldaten. Und werden wir länger der Wuth solcher Feinde mit stumpfsinniger Ruhe zusehen? Wir sind Zeuge ihrer hartnäckigen Beharrlichkeit; sollen wir friedlich warten, bis sie alle ihre Batterien aufdecken, ohne uns zu rüsten und ihnen einen unübersteiglichen Wall, eine defensive Gewalt entgegen zu setzen? Werden wir nicht endlich unsere friedliche aber ehrfurchtgebietende Gewalt, unsere Nationalgarde organisiren? diese Macht aller derer, welche ein Interesse haben für Erhaltung des repräsentativen Gouvernements zu wachen.

Achtes Kapitel.
Organisation einer bewaffneten Macht, die geeignet ist, die repräsentative Regierung zu beschützen.

Stellt man die Gewalt auf der einen Seite, die Rechte und Justiz auf der andern, so sind Rechte und Justiz nur leere Spekulationen. Wer die Gewalt in Händen hat, tritt über Rechte und Justiz hinweg, sobald er seinen besondern Vortheil dabey findet. Diese Neigung liegt in der Natur des Menschen, wir können sie nicht ändern; aber es ist unsere Aufgabe, da, wo wir es vermögen, die Gewalt auf die Seite der Rechte und Gerechtigkeit zu stellen. Ich will es versuchen, die Mittel dafür anzukündigen.

Die neueren Nationen, welche die repräsentative Regierung bey sich einführen, und sie zu befestigen wünschen, dürfen das Muster für Organisation ihrer bewaffneten Macht nicht bey den frühesten Völkern suchen; seit der Zeit, als diese lebten, hat der Zustand der Gesellschaft ein durchaus verändertes Ansehen gewonnen. Die Völker der früheren Zeitalter kämpften anfangs für die Existenz und um Völker zu werden, sodann um zu erobern und zu plündern. Ihr Ackerbau war beschränkt, und sie verwendeten dazu ihre Sklaven; bey uns ist der Ackerbau ausgebreiteter, und es sind freye Menschen, die das Feld bearbeiten; die Sklaverey ist abgeschafft. Jene waren wenig industriös, ohne Fabriken und ohne Handel; bey uns haben Handel, Gewerbfleiß und Fabriken einen hohen Grad der Ausbildung erreicht, und sind die Quelle unsers Reichthums geworden. Sie erwarben durch die Gewalt der Waffen, durch Eroberung und Raub; wir erwerben durch die Arbeit. Sie waren unaufhörlich in Kriegsstand, so lange es etwas zu plündern gab; wir leben im Stand des Friedens, weil dieser das sicherste Mittel des Erwerbs und der Erhaltung ist. Die wechselseitige Plünderung verursachte, daß die Völker sich als Feinde haßten; der Handel stiftet gegenwärtig Einigkeit und Freundschaft unter ihnen, und erzeugt den Wunsch im Frieden zu leben, um wechselseitig ihre Produkte austauschen zu können. Werden die repräsentativen Regierungen in Europa eingeführt, so müssen die

Kriege sehr selten werden. Bey dieser Regierungsform haben die Völker bedeutenden Einfluß, und dieser Einfluß wird die Kriege, die allen nachtheilig sind, zu verhindern bemüht seyn. In welcher Absicht sollte man erobern? Um mächtiger zu werden? Ist man es nicht schon genug, sobald man sich im Stande fühlt, erobern zu können? Wäre es um andere Vortheile zu erlangen, indem man dem Besiegten Abgaben auflegt? Die repräsentativen Regierungen aber können sich wohl alle Völker zugesellen, nicht aber Eroberungen machen. Diese Vereinigungen bringen den Regierenden keinen Nutzen; denn es ist ein Grundgesetz des repräsentativen Gouvernements, nur so viel Steuern zu erheben, als schlechterdings für die Verwaltung und für das Interesse der Bürger erfordert werden. Mit einem solchen Grundgesetz wäre, selbst bey Eroberung der ganzen Welt, der Eroberer um nichts reicher. Was sage ich? er wäre ärmer, denn er hätte die Fabriken, die Industrie, den Handel ruinirt; er hätte die Kapitalien derer geplündert, bey denen er sich durch Tauschhandel hätte bereichern können. Es kann nicht fehlen, der Handel muß das Band der Nationen, das Unterpfand ihrer Freundschaft werden. Die Basis eines solchen Friedens ist nicht in mystischen Ideen zu finden, sie ist nicht an den Himmel gebunden; sie ist durchaus irdischer Natur; sie ist auf das Wirkliche, Unläugbare, auf das allgemeine Interesse gestützt.

Das Gesetz vom 5. Februar 1817 hat die Wahlen in die Hände derjenigen Klasse von Menschen gelegt, welche unmittelbar für Aufrechthaltung der Freyheit, der Sicherheit und des Eigenthums interessirt sind. *) Dieses Gesetz ist vortrefflich in seinem Princip, und muß als der Grundpfeiler des repräsentativen Gouvernements angesehen werden; es wird unfehlbar als Muster allen Völkern dienen, welche eine solche Verfassung unter sich einführen, und sie auf einer halt-

---

*) Unsere repräsentative Regierung, so wie sie durch das Wahlgesetz bestimmt wurde, ist eine zu zahlreiche Aristokratie, um Privilegien zulassen zu können. Dieses Gouvernement begünstigt die Arbeit und Industrie, wodurch Eigenthum erworben wird, und das Eigenthum gibt Einfluß. Keinem ist der Weg verschlossen, jedem ist er zugänglich durch Arbeit und Sparsamkeit; nur Müßiggang und Verschwendung müssen ihn verlassen. Diese Regierung steht in Uebereinstimmung mit

baren Basis gründen wollen.*) Dasselbe Grundgesetz muß denn auch bey der Zusammensetzung der bewaffneten Macht befolgt werden, d. h. es muß die Wahl derjenigen Menschen bestimmen, denen die Gesellschaft ihre Vertheidigung anvertraut gegen die Müßigen, die Ehrgeizigen, die Räuber, welche die innere Ruhe stören, und gegen in Regimenter getheilte Plünderer, welche sie von außen angreifen könnten. Gleich den Wahlkollegien, gleich allen Zweigen der öffentlichen Verwaltung, muß auch die bewaffnete Macht aus solchen Menschen gebildet werden, welche ein Interesse haben bey der Aufrechthaltung der in der repräsentativen Regierung herrschenden Grundsätze; nur auf solche Art kann die Armee dem Gouvernement als Stütze dienen.

Bey der Organisation der bewaffneten Macht hat die Regierung ganz vorzüglich sich nach dem Princip der Staatsverfassung zu richten; denn die Anwendung dieser Macht ist die kräftigste, und sie ist es, wodurch die Regierung unmittelbar schwach oder stark wird. Die Politik der alten Monarchie kann in dieser Hinsicht als Beyspiel dienen. Unter jener Regierung nahm man in der Armee fast nur Fremde und Vagabunden auf, und vertraute ihre Führung den Menschen aus den privilegirten Klassen. Die Nichtadelichen, die Bürger und die Menschen aus der mittleren Klasse waren strenge von den Befehlshaberstellen ausgeschlossen; und dieß fand sich im Princip völlig begründet: denn die Monarchie bezweckte,

---

der Natur des Menschen, der, so zu sagen, ein durch selbst gewählte Arbeit producirendes Thier ist. Wer sich außerhalb jener Aristokratie befindet, ist weder unterdrückt noch geplagt; jeder Einzelne wird nach denselben Gesetzen beschützt oder gestraft. Gleichwol scheint mir, daß durch das Wahlgesetz unsere repräsentative Regierung noch eine zuwenig ausgebreitete Basis hat; zu viel Kraft befindet sich außerhalb dem Kreise der Wähler, folglich außerhalb der Regierung selbst; eine zu große Masse von Menschen hat keinen Theil an den Rechten aktiver Bürger, sie könnte daher einmal die Existenz des Gouvernements bedrohen,

*) Dieses Gesetz muß mit Aufrichtigkeit befolgt werden; die Minister sollen nicht die Ausartung seiner Natur versuchen. Wahlen, welche durch die Intrigue erlangt sind, und der öffentlichen Meinung nicht entsprechen, würden die Gefahr der Revolutionen verewigen, indem sie die Stärke und die Anzahl stets in Opposition mit der Regierung setzen.

die Herrschaft der Privilegirten über die arbeitenden Klassen zu sichern; es wäre also widersinnig gewesen, die Armee unter diesen Klassen zu rekrutiren, und ihnen die Anführung derselben anzuvertrauen.

Da nun der Zweck des repräsentativen Gouvernements die Befreyung der arbeitenden Klassen von der Herrschaft der Privilegirten ist, da sie beabsichtet, diesen Klassen die Freyheit der Arbeit, und die Sicherheit der Personen und des Eigenthums, als ihres ersten Bedürfnisses, zu sichern: so würde unter einem wahrhaft repräsentativen Gouvernement nichts gefährlicher und widersinniger seyn, als wenn die Armee aus Fremden, aus den Dürftigen und den Privilegirten gebildet würde. Das hieße, sie aus den dem Grundgesetz dieser Regierungen entgegengesetzten Elementen zusammensetzen; es hieße, ihre Vertheidigung solchen Menschen anvertrauen, welche am meisten interessirt sind, sie umzustoßen. Die Privilegirten und ganz armen Menschen sind in der That die natürlichen Feinde des Eigenthums, der Freyheit und aller Interessen, welche das repräsentative Gouvernement begünstigen.

Unter einer solchen Regierung soll die bewaffnete Macht (sie mag zur Handhabung der örtlichen Polizey, zur Verfolgung der Missethäter, oder zur Vertreibung des Feindes angewendet werden) nur ein gleichartiges Korps bewaffneter Bürger bilden, zur Vertheidigung der Freyheiten, die zu sichern der Zweck der Regierung ist. Dient die bewaffnete Macht zur Aufrechthaltung der innern Polizey, so heißt sie stehende Nationalgarde; wird sie zur Abtreibung feindlicher Angriffe von Außen gebraucht, so muß sie den Namen einer mobilen Nationalgarde erhalten.

Druckfehler und Verbesserungen.
Drittes Stück.

S. 236. Z. 8. statt: Juniustagen, lies: Juliustagen. S. 241. Z. 9. von unten der Anmerk., st. d'Anglès, l. d'Anglas. S. 255. Z. 7. der Anm., st. von der, l. die. S. 257. Z. 4. v. u. der Anm., st. Freund, l. Freunde. S. 301. Z. 8. st. Gourgaud, l. Gamot. S. 304. Z. 4. st. ist, l. sey. ibid. streiche das Zeichen ?) aus. S. 307. Z. 20. st. Division, l. Divisionen. S. 328. Z. 8. v. u., st. Rovira, l. Rovirn. S. 333. Z. 3. st. Desgophes, l. Desroches. S. 335. Z. 10. v. u., st. durch Zufall, l. fast. S. 339. Z. 3. st. Moment, l. Monat. ibid. Z. 5. v. u. der Anm., st. beygelegtes, l. beygelegte.

dem arabischen Ritterroman Antar. (Aus der französischen Handschrift des Herrn von Hammer übersetzt.) — Beylage: Kunstblatt Nro. 4. Die Straße der Gräber in Pompeji. (Hiezu ein Steinabdruck.) — Nachtrag zu dem Aufsatz in den Kunstblättern Nro. 19 und 20, 1818, über die Löwen vor dem Zeughaus in Venedig. — Ludwig XII. (Aus Bailleul's kritische Untersuchungen über das hinterlassene Werk der Frau von Stael.) — Die wichtigsten Erfindungen und Entdeckungen der neuesten Zeit. — Anekdoten. (Aus einer ungedruckten Sammlung des Abbé Morellet.) — Die Emporkömmlinge (parvenus), oder Begebenheiten Julius Delmours, von ihm selbst erzählt. Von Frau von Genlis. — Gott. Ode von Derjawin. (Aus dem Russischen übersetzt von D. Kosmeli.) — Das erste Werk in Steindruck. — Ueber Hrn. v. Hammers im achten Bande der Fundgruben des Orients bekanntgemachte Enthüllung des Geheimnisses Baphomets oder des Ordens der Tempelherren. — Aventin, ein vaterländisch-biographisches Schauspiel. — Longwood auf St. Helena. (Mit einem Steindruck.) — Abendfeyer auf dem Rheinspiegel vor Cöln. — Persischer Spruch. (Von dem persischen Gesandten bey seiner Abreise von Wien daselbst zurückgelassen.) Nicht Wissen und Wissen. — Briefe zweyer brittischer Offiziere von der Nordpolreise. (Aus dem Edinburgh Journal übersetzt.) — Glaubwürdigkeit der Frau von Genlis. — Korrespondenz-Nachrichten aus Augsburg, Basel, Berlin, Bern, Darmstadt, Dresden, London, Mannheim, München, Paris, Rom, aus der Schweiz, Venedig, Wien, Zürich. — Charaden nebst ihrer Auflösung.

Allgemeine deutsche Justiz-, Kameral- und Polizei-Fama. Herausgegeben von Dr. Th. Hartleben, December 1818.

Inhalt.

166stes und 167stes Stück. Ueber die Schicksale des Handels, mit vorzüglicher Berücksichtigung auf den gegenwärtigen wissenschaftlichen Standpunkt desselben und auf die gesammten Lehrgegenstände, welche in dem großherzoglich badischen privilegirten Handlungs-Institut in Mannheim vorgetragen werden. Von H. L. Sinzheimer. (Fortsetzung.) — Ueber Ehren-Gericht. — Folter. — Vergnügungssucht der Franzosen. 168stes und 169stes Stück. Ueber die Schicksale des Handels, mit vorzüglicher Berücksichtigung auf den gegenwärtigen wissenschaftlichen Standpunkt desselben und auf die gesammten Lehrgegenstände, welche in dem großherzoglich badischen privilegirten Handlungs-Institut in Mannheim vorgetragen werden. Von H. L. Sinzheimer. (Fortsetzung.) — Versuch einer Widerlegung der Bemerkungen über die Vorschläge, wegen Verbesserung der Schiffahrt. — Zahl der Wahnsinnigen in Schottland. 170stes und 171stes Stück. Ueber die Schicksale des Handels, mit vorzüglicher Berückſichtigung auf den gegenwärtigen wiſſenſchaftlichen Standpunkt deſſelben und auf die geſammten Lehrgegenſtände, welche in dem großherzoglich badiſchen privilegirten Handlungs-Inſtitut in Mannheim vorgetragen werden. Von H. L. Sinzheimer. (Beſchluß.) — Beamten-Unfug im Württembergiſchen. — Merkwürdige Mordthat. — Beamten-Willkür. — Aufhebung des Heimfallrechts. — Neue Art von Räubern. — Armen-Polizey. — Bevölkerung in Bayern. 172ſtes und 173ſtes Stück. Aus dem im Jahr 1817 ausgeſtellten General-Tableau der königl. Polizey-Direktion zu Hannover. — Ueber Armenweſen. — Anſichten eines Rheinländers über die Schiffbarmachung der Ober-Ems. — Gerichtsſtand für die kurheſſiſchen Prinzen. — Gemeinſchaftliches Ober-Appellationsgericht. — Streit über einen todten Juden. — Franzöſiſches Projekt von Experimental-Meiereyen. 174ſtes und 175ſtes Stück. Von den Urſachen und Kennzeichen der Hundswuth und den Vorbeugungsmitteln gegen dieſelbe, nebſt einer Anleitung zur Behandlung der beſchädigten Perſonen. — Eine Bekanntmachung von der königl. preußiſchen Regierung zu Köln. — Stiftungs-Urkunde der Univerſität Bonn am Rhein. — Ein franzöſiſcher Howard von Amts wegen. — Fortſchritte der Landeskultur in Rußland. — Endliche Abſchaffung der Folter in Hannover. 176ſtes und 177ſtes Stück. Eingabe der vormaligen Herzoglich Jülich'ſchen Staatsdienerſchaft bey des königl. preußiſchen Fürſten Staatskanzlers von Hardenberg Durchlaucht, ihre Penſions-Anſprüche betreffend. — Steuerweſen in Deutſchland unter landſtändiſcher Leitung. — Ein Wort zu ſeiner Zeit, aus Prof. Geiers Programm über landſtändiſche Verſicherung der Staatsbedürfniſſe in Deutſchland. — Einige Bemerkungen über das Poſtweſen. — Neue Gerichts-Ordnung in Neapel. — Verbot der Reiſen an Sonntagen. 178ſtes und 179ſtes Stück. Probe aus v. Löwers neuem Polizey-Hand- und Hülfsbuch. — Verordnung über die ärztliche Prüfungs-Behörde im Königreich Hannover. — Ueber Zucht- und Straf-Anſtalten. — Reform der Kriminal-Geſetzgebung in England. 180ſtes und 181ſtes Stück. Zur Geſchichte der Zunft-Einrichtungen. — Vorſchriften über die Vorſichtsmaßregeln in Betreff der Fähren und Ueberfahrts-Nachen von der königl. preußiſchen Regierung zu Koblenz. — Königlich preußiſche Verfügung über die Theilnahme des Militärs bey der Feuer-Polizey.

www.ingramcontent.com/pod-product-compliance
Lightning Source LLC
Chambersburg PA
CBHW020138170426
43199CB00010B/793